Schriftenreihe zur Praxis
der Leibeserziehung und des Sports
Band 26

Schriftenreihe zur Praxis
der Leibeserziehung und des Sports

Band 26

Karl Koch

Kleine Sportspiele

Eine Darstellung Kleiner Sportspiele
für die schulische Grundausbildung
unter dem Aspekt der Spielverwandtschaft
und Vorbereitung auf die Großen Sportspiele

Verlag Hofmann
Schorndorf

CIP-Titelaufnahme der Deutschen Bibliothek

Koch, Karl:
Kleine Sportspiele: eine Darstellung kleiner Sportspiele für die
schulische Grundausbildung unter dem Aspekt der Spielverwandt-
schaft und Vorbereitung auf die großen Sportspiele/
Karl Koch. [Zeichn.: Ursula Düse und Eugen Rümmelein]. —
7., unveränd. Aufl. — Schorndorf: Hofmann, 1991
  (Schriftenreihe zur Praxis der Leibeserziehung und des Sports; Bd. 26)
  ISBN 3-7780-5267-5
NE: GT

Bestellnummer 526

Zeichnungen: Ursula Düse und Eugen Rümmelein

Erschienen als Band 26
der „Schriftenreihe zur Praxis der Leibeserziehung und des Sports"
Redaktion: Karl Koch †

Lizenzausgabe in Dänemark Fra SMÅ til STORE BOLDSPIL. Forlaget
Roas, Roskilde 1980

Gesamtherstellung in der Hausdruckerei des Verlags
Printed in Germany · ISBN 3-7780-5267-5

Inhalt

Vorwort

Spiele wollen Freude bereiten, dem echten Austummeln und freien Bewegen Raum und Weite lassen! Dieser Grundzug aller Spiele soll mit dem hier vorgelegten Versuch, einen Beitrag zur kontinuierlichen Spielschulung zu leisten, weder eingeengt noch normiert werden.

Der Drang unserer Schüler von Beginn der Mittelstufe ist offensichtlich davon gekennzeichnet, möglichst die Großen Sportspiele schnell aufzugreifen, obwohl zu einem echten Spiel dieser Gattung noch reichlich spielerische Grundfertigkeiten nicht gekonnt werden.

So wie die Freude am Bewegen in anderen Disziplinen mit dem verfügbaren und nach angemessen-geordnetem Üben erworbenen Bewegungskönnen wächst, wird auch in der Spielschulung eine didaktisch-methodische Systematik im Spielangebot zur schnelleren Spielbeherrschung und zur Steigerung der Spielfreude beitragen.

Da in der Praxis die methodischen Schritte zu den Großen Sportspielen nicht selten zu groß angesetzt werden, bieten wir in dieser Lehrhilfe eine mögliche Ordnung an. Wenn in anderen sportlichen Disziplinen das Prinzip der B e - w e g u n g s v e r w a n d t s c h a f t bereits zur wesentlichen Richtschnur in der Aufbereitung des Übungsgutes geworden ist, so kann es in der Spielschulung der Grad der S p i e l v e r w a n d t s c h a f t sein. Daher schreiten wir auch in der Spielschulung stets von spezifischen „Ausgangslagen" zu „Endlagen", zu erstrebenswerten Lernzielen in einem Kanon verwandter Spiele. In diesem Sinne möge diese Lehrhilfe dazu beitragen, zu echtem Spielkönnen zu führen. Nicht das wahllose Herausgreifen aus dem Born der Spiele, nicht das „wilde Bewegen" kultivieren und entwickeln Spielvermögen, sondern Überlegungen im Sinne des A n g e m e s s e n e n und S a c h g e r e c h t e n; angemessen in bezug auf die Schüler in ihrer alterstypischen Verhaltensweise, sensomotorischen und physischen Belastbarkeit, sachgerecht mit Blick auf das Lernziel und der damit verbundenen methodischen Entwicklung.

Hamburg, im Oktober 1968 KARL KOCH

VORWORT ZUR 6. AUFLAGE

Wenn eine Lehrhilfe unter dieser Thematik nicht nur in die 6. Auflage geht, sondern auch in einer dänischen Lizenzausgabe erschien, so kann das nur ein sicheres Indiz dafür sein, daß der Lernpraxis „vor Ort" recht nahe gekommen wurde.

Neben der Eigenständigkeit „Kleiner Sportspiele" mit ihren einfachen, leicht durchschaubaren Grundregeln für den Handlungsrahmen — die Schülern und Lehrern immer noch Variationen erlauben — wurde auch in den vorausgegangenen Auflagen der zu „Großen Sportspielen" hinführende Charakter angedeutet. Diese didaktisch-methodische Sicht findet auch in der 6. erweiterten Auflage ihre Anwendung, wo einige „Kleine Sportspiele" im Wasser dargestellt sind.

Tangstedt, im August 1982   KARL KOCH

A. Didaktisch-methodische Vorüberlegungen

1. Wesen und Bedeutung der Kleinen Sportspiele

„Spielen ist Spontaneität; Überwachung und Hinlenkung dürfen sie nicht ersticken und sollten sie möglichst wenig einengen" (BOHNENKAMP). Diese mahnenden Worte haben wir schon im Band 21 dieser Schriftenreihe (S. 15) an den Ausgangspunkt zu allgemeinen Betrachtungen zum „Spielen im Regelspiel" — in Anlehnung an BERNETT einer der drei charakteristischen Handlungsbereiche der Leibesübungen — gestellt. Wir haben aber dort schon versucht einsichtig werden zu lassen, daß „Überwachung und Hinlenkung" in gebotenem Maße notwendig sind, daß sie die Spontaneität nicht zu ersticken brauchen, wenn das Prinzip des Angemessenen in bezug auf den Schüler beachtet wird.

Im Vorwort ließen wir bereits erkennen, daß ungeordnetes Vielerlei und methodisch zu schnelles Vorgehen den Weg zu den Großen Sportspielen empfindlich zu stören, wenn nicht sogar zu sperren vermag.

Die *Kleinen Sportspiele* (DÖBLER, KIRSTEN) — die in der Praxis nicht selten „übergangen" werden — sind wohl geeignet, Brücke in einer systematischen Spielentwicklung zwischen Kleinen Spielen mit dem variablen Regelwerk zu den Großen Sportspielen unter internationalen Spielregeln zu sein. Kleine Sportspiele sind Mannschaftsspiele mit relativ festen Grundregeln, die jedoch eine zunehmende Angleichung an die Regeln und taktischen Verhaltensweisen in den Großen Sportspielen erlauben. Kleine Sportspiele erfüllen gewissermaßen eine Doppelfunktion: sie sind Sportspiele mit Eigenständigkeit in einer bestimmten Altersstufe der Schüler, vermögen jedoch bei entsprechendem Spielkönnen und einer Angleichung bzw. Erweiterung der Grundregeln an ein anzustrebendes Sportspiel auch hinführenden Charakter anzunehmen. Die Kleinen Sportspiele bilden somit das „Mittelstück" des Spannungsbogens von den ersten Spielversuchen bis zur Anwendung im Großen Sportspiel, in unserer Lehrhilfe aufgefangen in den Abschnittsüberschriften mit den Formulierungen „Von . . . . . bis . . . . . ". Wir möchten die Kleinen Sportspiele auch bei den älteren Schülern nicht missen, selbst im Leistungssport nicht darauf verzichten. Variiert und der Übungsabsicht angepaßt erschließen sie in besonderem Maße, „spielend" Kondition zu erwerben.

2. Spielverwandtschaften — Spielauswahl

Die *Spielverwandtschaften* versuchen wir mit Hilfe schematischer Grafiken zu veranschaulichen (siehe dazu S. 11). Immer beginnt der Spielaufbau innerhalb der „Spielfamilien" bei gewissen Endstufen von Kleinen Spielen, so daß die Mannschaftsspiele in der Stufe der Kleinen Sportspiele bei einer überlegten Spielschulung nie voraussetzungslos aufgenommen werden. Und es ist eine noch zu lösende Aufgabe, auch die Kleinen Spiele in solchen Entwicklungsreihen zu erfassen, die z. B. von den einfachsten Laufspielen bis zum Hase im Kohl, von den leichtesten Treffballspielen bis zum Jägerball führen — um zwei Beispiele zu nennen. Eine Ordnung also, in der die Spielentwicklung vom Charakter der Spiele, von den Verhaltensweisen und von den Spielmöglichkeiten der Kinder (Anspruchsniveau) eine sinnvolle Linie erfährt. Die in Kleinen Spielen erworbenen Voraussetzungen, zielgerichteter nun mit formalen spezifischen Übungsformen erweitert, erlauben die *Kleinen Sportspiele* von der Mittelstufe an in die Spielschulung aufzunehmen. Wir haben versucht, diese Spiele nach Schwierigkeitsstufen zu ordnen (angedeutet durch die in den Grafiken von links nach rechts weisenden gestrichelten Linien). Das in jedem Schema am weitesten rechts stehende Kleine Sportspiel gestattet am stärksten die Aufnahme von Spielelementen und taktischen Komplexübungen, die das anzustrebende Große Sportspiel recht schnell zum echten Spiel werden lassen. Dieses Charakteristikum schließt jedoch nicht aus, daß auch aus den leichteren Kleinen Sportspielen der jeweiligen „Spielfamilien" erlernte Spielelemente zum Nutzen der Großen Sportspiele in die „Hauptstraße" (DÜRRWÄCHTER) zu ihnen einfließen (siehe unsere Schemata).

Es ist unschwer zu erkennen, daß von den Kleinen Spielen bis zu einem Großen Sportspiel ein spieltypisches *Grundthema* (MESTER) die „Spielfamilie" vorrangig trägt und ihr in gewissem Sinne das Gepräge einer Lehr- und Lerneinheit gibt. Das *Grundthema* — elementar aktualisiert im genauen Treffen im Wurf, im Bemühen, den Ball nicht auf den Boden fallen zu lassen usw. — ist schließlich dem Lehrer Hilfe und Wegweiser in der *Spielauswahl*. Wie in anderen Disziplinen, führt eine unter diesem Gesichtspunkt vorgenommene Spielauswahl zu besseren Lernerfolgen. Die damit einhergehende Reduzierung des Spielgutes läßt auf gar keinen Fall das Spielen verarmen, vor allem nicht in der Stufe des „relationsuchenden Spielwillens" (GEISSLER). Wenn uns das Verhalten und Bemühen der 11/12jährigen in der Praxis immer wieder und unverkennlich bescheinigt, die „Spiele der Großen zu betreiben", dann richtet sich dieser Wunsch der Schüler „zunächst allein auf das dynamische Grundthema (MESTER) . . . . Eine systematische Spielpflege sollte auch bei den Mannschaftsspielen versuchen, vom dynamischen Grundthema ausgehend Zug um Zug das wachsende Fassungsvermögen der spielenden Kinder auf das Regelwerk und den taktischen Verlauf einzustimmen. Die planlose Beschäftigung mit und im Spiel in der Schule ist sehr oft die Ur-

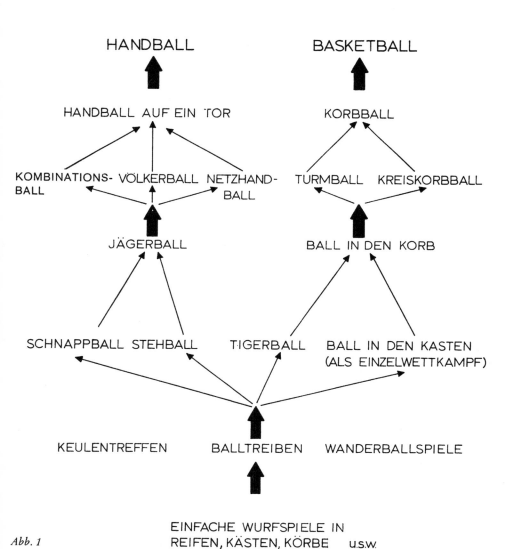

SCHEMA ZUM GRUNDTHEMA : WERFEN – FANGEN – TREFFEN

HANDBALL

BASKETBALL

HANDBALL AUF EIN TOR

KORBBALL

KOMBINATIONS-BALL   VÖLKERBALL   NETZHAND-BALL

TURMBALL   KREISKORBBALL

JÄGERBALL

BALL IN DEN KORB

SCHNAPPBALL   STEHBALL   TIGERBALL   BALL IN DEN KASTEN (ALS EINZELWETTKAMPF)

KEULENTREFFEN   BALLTREIBEN   WANDERBALLSPIELE

EINFACHE WURFSPIELE IN REIFEN, KÄSTEN, KÖRBE u.s.w.

Abb. 1

sache von Unlust und Spielverderben auf dem Wege zum gekonnten Spiel"
(KOCH/MIELKE, Band 21, S. 16). Spielentwicklungen unter diesem Gesichts-

punkt kommen demnach Grundeinsichten des *exemplarischen Lehrens* sehr nahe und verlieren sich nicht in dem gerade in der Spielschulung verführerischen Vielerlei, das echtes Spielerleben im Mannschaftsspiel verbauen kann. Unsere schematische Darstellung *(Abb. 1)* versucht die Spielentwicklung unter Beachtung des dynamischen Grundthemas überschaubar zu machen, wobei eingeschlossen werden soll, daß die Auswahl der verschiedenen Kleinen Spiele und Kleinen Sportspiele stets dem Lehrer überlassen bleiben wird. Uns kommt es vorrangig darauf an, eine Systematik unter dem Aspekt der stufenweisen Erweiterung des dynamischen Grundthemas aufscheinen zu lassen. Die Aktualisierung der praktisch-methodischen Schritte hat die „reifebedingten Lernvoraussetzungen" (ROTH) zu nutzen, will sie nicht den Lernprozeß hemmen. Eine Spielauswahl wird nur Zustimmung von den Schülern erhalten, „wenn die Übereinstimmung zwischen dem *Angebot* und der *Nachfrage*, unter der hier somit die Intention und Motivation der jeweiligen Entwicklungsstufe zu verstehen sind, weitgehend hergestellt werden kann" (KOCH/MIELKE).

Daß eine solche Erweiterung nicht nur im realen Spiel zu verwirklichen ist, daß mit fortschreitendem Einstieg in Mannschaftsspiele mittels *formaler Übungsformen* Bewegungstechniken und taktische Verhaltensweisen *vorgeübt* und auch festigend *eingeübt* werden müssen, bedarf sicher keiner besonderen Begründung und muß Aufnahme innerhalb der verschiedenen Lehr- und Lernstufen finden.

Gedanken um die *Spielauswahl* führen schließlich zu Fragen der *Differenzierung* im Spielangebot. Diese Fragen erhalten eine besondere Bedeutung in Koedukationsklassen und in der Phase der Entwicklung, in der Verhaltensweise und physische Belastbarkeit deutlicher geschlechtsspezifischen Charakter annehmen. Damit sind die 11/12jährigen Schüler zu Beginn der Mittelstufe angesprochen.

Während die Jungen mehr und mehr zu den Spielen neigen, die den körperlichen Einsatz am Spielgegner einschließen, suchen die Mädchen zwar auch zunehmend in „Kampfspielen, deren ‚Härte und Bewegung' sie besonders lieben" (SEYBOLD), sich zu bewähren — doch weitgehend ohne das Merkmal einer „immer wieder feststellbaren Überwindung des Gegners" (KOCH/MIELKE).

In Auswertung einer auf einem Test beruhenden Examensarbeit hält UHLMANN für die Mädchen folgende Wettkampf- und Kampfspiele als besonders geeignet (woraus die vorbereitenden Übungsformen und Kleinen Sportspiele abzuleiten sind);

„Völkerball, Schlagball und Korbball in der Unter- und Mittelstufe; Feldhandball, Basketball und Volleyball für die Oberstufe."

Daß man — um überhaupt einen gewissen Spielfluß zu erreichen — verwandte Spiele über einen längeren Zeitraum zu üben hat, versteht sich aus der Tatsache, daß „Freude, spannungsvolle Abwechslung und Schnelligkeit ... das Spiel (erst) im Stadium eines guten Könnens" (UHLMANN) bietet. Dem Aufkommen von „Völkerball-, Handball- oder Volleyballpsychosen" sollten wir jedoch zeitig begegnen.

3. Lehr- und Lernstufen in der Spielschulung

Ein Spiel hat eine komplexe Gestalt, besteht aus einer Fülle zyklischer Bewegungshandlungen, so daß die Lehr- und Lernstufen, wie wir sie aus dem Erwerb techno-motorischer Fertigkeiten kennen, nicht formal übertragen werden können. Eine adäquate Modifizierung ist notwendig.

Gehen wir vom Erleben in der Praxis aus. Ein Mannschaftsspiel nach bestimmten Regeln gelingt nur dann, wenn die dazu notwendigen *Spielfertigkeiten* in der Grobform beherrscht werden. Am konkreten Beispiel erläutert: Kombinationsball wird erst dann zu einem lebendigen Kleinen Sportspiel, wenn die Schüler das Fangen und Werfen, das Prellen und Fangen im Lauf sich so angeeignet haben, daß sie mit einiger Sicherheit über die Grundfertigkeiten verfügen. Wir müssen also zunächst uns um diesen Könnensgrad bemühen, wenn wir nicht Gefahr laufen wollen, daß das Spiel bei den Kindern auf Ablehnung stößt. Der Ball rollt mehr auf dem Boden, als daß er gespielt wird — schon macht das Spiel keinen Spaß. Damit sind die Aufgaben in der *ersten Lehr- und Lernstufe* kurz umrissen. Ob dieser voraufgehende Erwerb elementarer Spielgrundfertigkeiten in formalen oder eingekleideten Bewegungsaufgaben in Kleinen Spielen sich ereignet, liegt nicht nur am Geschick des Lehrers, sondern wird auch von der spezifischen Übungsabsicht bestimmt. In der *zweiten Lehr- und Lernstufe* kann ein *Erproben im Spiel* erfolgen. Damit ist zugleich die *Spielerklärung* verknüpft. Diese Spielerklärung beschränkt sich zunächst auf die Grundzüge des Spielablaufes und zieht nur diejenigen Spielregeln heran, die einem ersten geordneten Versuch dienen. Erst allmählich wird das Spielgeschehen durch weitere Hinzunahme von Regeln präzisiert. In dieser methodischen Stufe, in der der Grobablauf des Spiels Gestalt erhält, wird dem Lehrer auch offensichtlich, welche Grundfertigkeiten noch mehr „eingeschliffen" werden müssen, bevor er Hinweise zu zweckmäßigerem taktischen Spielverhalten erteilt. So verzahnen sich allmählich Technik- und Taktikschulung. Nicht selten werden — dem Spiel in einer Stunde voraufgehend — technische Fertigkeiten wiederholt und ausgeformt, taktische und spielangemessene (situationsähnliche) Übungen in der Partnerschaft, Dreier- oder Vierergruppe vorgeübt, so daß sich zunehmend das Spiel nach dem Regelwerk eines Kleinen Sportspieles entwickelt. In der *dritten Lehr- und Lernstufe* werden die Regeln der Kleinen Sportspiele noch mehr dem Regelwerk des spielverwandten Großen Sportspieles angeglichen, so daß sich in dieser Lehrstufe die erschließende Funktion Kleiner Sportspiele offensichtlich zeigt und ein bruchloser Übergang (in der nächsten Lehr- und Lernstufe) zum Großen Sportspiel möglich wird. Technik- und taktikschulende Komplexübungen vervollkommnen und stabilisieren die erlernten Fertigkeiten, machen den Unterricht in der dritten Lehr- und Lernstufe vielseitig und abwechslungsreich.

4. Der organisatorische Rahmen

Mit durchdachten *organisatorischen Maßnahmen* steht und fällt eine ökonomische Ausnutzung der zur Verfügung stehenden Spielzeit. Man erlebt es immer wieder bei Hospitationen in der Praxis: wieviel Zeit wird vergeudet mit der Bildung von Mannschaften und mit dem Markieren des Spielfeldes! Das braucht nicht zu sein!

Mit dem Eintritt in die Pflege von Mannschaftsspielen beginnt auch die Bildung *fester Spielmannschaften*, die über einen längeren Zeitraum bestehen bleiben. Das betrifft zumindest den Kern der Mannschaften. Hat der Lehrer bei Übernahme einer neuen Klasse noch keinen Einblick in ihr Spielvermögen und in die Spielstärke einzelner Schüler, dann wird er sich diesen sehr bald mit einigen kleinen Testspielen verschaffen müssen.

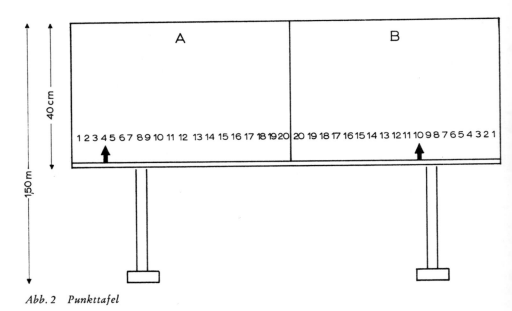

Abb. 2   Punkttafel

Viele Hallenspiegel werden bereits mit Markierungen für Volleyball, Basketball und Handball versehen. In solchen Hallen nimmt es wenig Zeit in Anspruch, diese Markierungen zu nutzen, um für Kleine Sportspiele mit wenig Kreide — oder Magnesiastrichen — geeignete Felder zu begrenzen.

Sind keine Spielfeldbegrenzungen vorhanden, empfiehlt es sich, von Zeit zu Zeit mit Tesa-Streifen Spielfelder zu umranden.

Spielen wir im Freien und auf dem Rasen, gehören *kleine Fähnchen* und *mehrere Zauberschnüre* zu den wichtigsten Utensilien des Spielleiters. Auch damit können schnell Spielfelder geschaffen werden. Auf *Hartplätzen* sollten wir uns wieder um ständig benutzbare Spielfelder mit entsprechenden Spielfeldgrenzen bemühen. So kann viel Zeit für das Üben gewonnen werden! Schließlich dürfen in der Spielausrüstung einer Schule die *Parteibänder* nicht fehlen. Eine deutliche Kennzeichnung der Mannschaften ist bei Spielen mit schnellem Situationswechsel immer notwendig.

Mancher Streit um die Richtigkeit der gezählten Punkte, Körbe oder Tore wird vermieden, wenn im Werkunterricht eine *Punkttafel* angefertigt wird. Es genügt dazu ein dünnes Brett, das am unteren Ende mit einer Laufschiene versehen wird. Ein deutlicher weißer Streifen trennt das Brett in zwei Hälften. Der Spielleiter bewegt zwei Zeiger, die in der Laufschiene zu schieben sind und stellt die erreichten Punkte für die Mannschaften ein *(Abb. 2)*. Auch eine Tafel in der Halle kann mehr als nützlich sein — einmal als Behelf für eine Punktetafel, zum anderen als Unterrichtsmittel. Spiele und Spielzüge werden von den Schülern besser verstanden, wenn neben dem beschreibenden und erklärenden Wort die Faustskizze zusätzlich über das Auge Abläufe einsichtig macht.

B. Kleine Sportspiele
unter dem Aspekt der Spielverwandtschaft

1. Von Treffballspielen zum Schlagballspiel

LAUFBALL

Vorbemerkungen

Als das Schlagballspiel noch in Blüte stand und vor allem in schulischen Wettkämpfen eine unverkennbare Rolle spielte, gab es einen „ganzen Strauß"

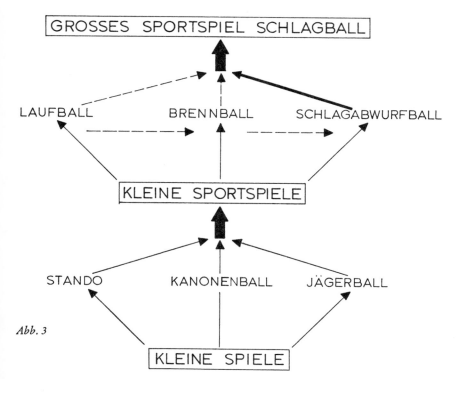

Abb. 3

vorbereitender Spiele. Es kann an dieser Stelle nicht den Gründen eines Spielniederganges nachgegangen werden. Wo räumliche Möglichkeiten bestehen, sollten wir jedoch an diesem Spiel nicht vorbeigehen! Aus den vielen hinführenden Spielen haben sich einige in besonderem Maße erhalten, die als Kleine Sportspiele angesprochen werden können und durchaus ohne vordergründige Absicht ihren Eigenwert haben. Da ist zunächst das *Laufball-Spiel*, das wir schon mit unseren 9/10jährigen im 3./4. Schuljahr erproben, üben und in den höheren Altersstufen mit angemessenem Spielgerät immer wieder aufnehmen können.

I. Spielbeschreibung[1])

In einem abgegrenzten Spielfeld mit einem *Wurfmal* und einem *Laufmal* stehen sich zwei zahlenmäßig gleichstarke Mannschaften gegenüber (8/12 — 8/12) *(siehe Abb. 4/5)*. In der Wurfpartei beginnt der erste Spieler, den Ball

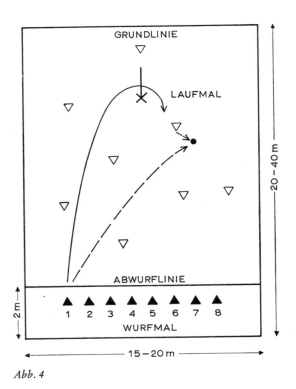

Abb. 4

weit in das Feld zu werfen. Mit dem Abwurf vollzieht er seinen Lauf zum Laufmal, umläuft es, um wieder im Wurfmal zu sein, bevor die Fangpartei

---

[1]) Die Spielbeschreibungen erfassen nur den elementaren Grundablauf. Eine Erweiterung und rückgreifende Zusammenfassung erfolgt in den Spielregeln.

den Ball in das Wurfmal zurückgeworfen hat. Gelingt ihm diese Aufgabe, dann hat er für seine Mannschaft zwei Punkte gewonnen. Ist der Ball jedoch früher im Wurfmal, muß er nicht nur auf den Platz zurück, den er beim Pfiff des Spielleiters passierte, sondern er erhält auch nur einen Punkt. Hatte er noch nicht einmal das Laufmal erreicht, dann wird er gar keinen Punkt bekommen. Ihm folgen der Reihe nach alle anderen Spieler seiner Partei. Nach einem Durchgang wechseln die Aufgaben. Wer die meisten Punkte hat, ist Sieger.

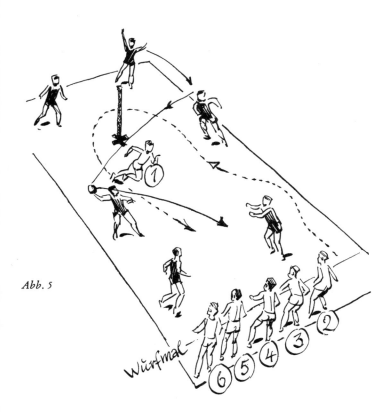

Abb. 5

II. Spielmittel — Spielfeld

Je nach Altersstufe kann mit einem *Schlagball* oder *Handball* geworfen werden, je nach Ballart und nach Altersstufe wird die Größe des Spielfeldes zwischen 10/15 m × 20 bis 40 m betragen. In der Oberstufe sollten wir nur noch mit dem Handball werfen.

19

III. *Spielregeln*

a) Es ist jede Wurfart erlaubt. Der Werfer kann auch wählen, ob er flach oder hoch wirft.

b) Bälle, die über die Grundlinie der Fangpartei hinausgehen, sind im Spiel.

c) Überfliegen Bälle die Seitenlinie, dann sind sie ungültig und bringen für die Wurfpartei einen Punktabzug.

d) Jeder Werfer muß auf seinen Wurf hin laufen, es sei denn, daß er über die Seitenlinie wirft. In diesem Falle darf er nicht laufen, sondern handelt vielmehr einen Minuspunkt für seine Mannschaft ein.

e) Die Werfer haben in der vorgesehenen Folge zu werfen.

f) Schafft ein Werfer bei seinem Wurf die volle Runde nicht, hat er den Lauf beim nächsten Werfer forzusetzen (siehe Spielbeschreibung).

g) Jede Behinderung während des Laufes ist verboten.

h) Von der Fangpartei kann der Ball in *einem* Wurf, aber auch im Zuspiel zurückgeworfen werden.

IV. *Spieltechnik — Spieltaktik*

Die Fangpartei muß sich so geschickt staffeln, daß sie möglichst schnell in den Besitz des Balles kommt. Die guten Werfer stehen an der Grundlinie.

Die Werfer können vor dem Abwurf auch fintieren, um den Ball mit flachen Würfen durch die Reihen des Gegners zu treiben.

V. *Spielvariationen*

1. Der Ball m u ß von der Fangpartei mit einem Wurf zurückbefördert werden.

2. Wird ein Ball von der Fangpartei aus der Luft gefangen, erhält sie im voraus einen Pluspunkt für die spätere Tätigkeit als Wurfpartei.

BRENNBALL

Vorbemerkungen

Brennball ist eine wesentliche Erweiterung des Laufballspieles. Von der Mitelstufe an können es die Schüler mit wahrer Begeisterung spielen, und selbst in der Oberstufe lockt es bei verschärften Regeln die Schüler immer wieder und erweist sich als echtes Kleines Sportspiel.

I. *Spielbeschreibung*

Das Los entscheidet zwischen zwei gleichstarken Mannschaften (je 8—12), wer als Wurfpartei in einem Spielfeld beginnt, wie wir es vom Laufball schon kennen. Lediglich sind dieses Mal die Laufmale an den Ecken des Feldes, und ca. 2 m vor der Begrenzungslinie des Wurfmales wird ein Sprungbrett als *Brennmal* ausgelegt. Die Fangpartei verteilt sich im übrigen Spielfeld (*siehe*

Abb. 6). In festgelegter Reihenfolge beginnen die Werfer, den Ball möglichst weit in das Feld zu bringen, um mit diesem Wurf ein Laufmal zu erreichen oder gar — wenn der Ball nicht schnell genug zum Brennmal gelangt — eine volle Runde zu schaffen. Ist jedoch ein Wurf gar zu schwach gewesen, kann beim nächsten eines Kameraden gelaufen werden.

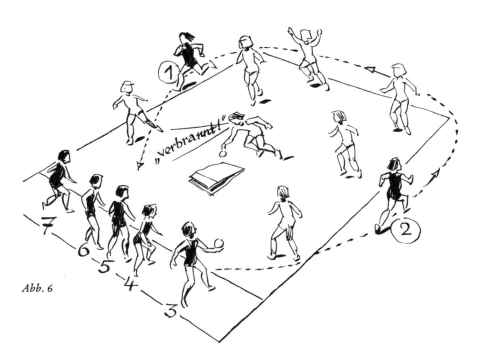

Abb. 6

Die Fangpartei versucht nun ihrerseits, umgehend in den Besitz des Balles zu kommen, um ihn direkt oder über geschicktes Zuspiel schnell zum Fänger am Brennmal zu schaffen, der ihn kräftig auf das Brett wirft und mit lautem Ausruf („verbrannt") aus dem Spiel nimmt. Befinden sich in diesem Augenblick Läufer zwischen den Laufmalen, dann sind sie „verbrannt" und scheiden aus.

Die Spielzeit dauert 2×5 bis 2×10 Minuten.

Wertung:

a) Wird auf den eigenen Wurf eine volle Runde geschafft, werden 3 Punkte vergeben.

b) Gelingt auf den Wurf eines Kameraden die Runde, gibt es 2 Punkte.

c) Wird die Runde in Teilstrecken gelaufen, darf immer nur 1 Punkt vergeben werden.

21

II. *Spielmittel — Spielfeld*

Geworfen wird mit einem Schlagball (dann das Spielfeld 10/15 × 40/50 m) oder mit einem Handball (dann das Spielfeld 10/12 × 20/30 m).

III. *Spielregeln*

a) Es wird in festgelegter Reihenfolge geworfen.

b) Auf den eigenen Wurf braucht nicht gelaufen zu werden.

c) Es dürfen jedoch nicht mehr als 3 Läufer am Startmal warten.

d) Wer ein Mal nicht erreicht, bevor der Ball „tot" ist, ist „verbrannt" und scheidet aus. Neues Wurfrecht wird nur bei einem gültigen Lauf erworben.

e) Sind überhaupt keine Werfer mehr da, ist die Partei „ausgehungert". Ansonsten wird nach Zeit und nach der Wertung in der Spielbeschreibung weitergespielt.

f) Überfliegt der Ball die Grenzlinien, ohne vorher den Boden im Spielfeld berührt zu haben, dann ist er ungültig. Kein Werfer darf laufen!

IV. *Spieltechnik — Spieltaktik*

Für die Wurfpartei ist es nicht unwesentlich, ihre guten Werfer in bestimmter Folge in der gesamten Mannschaft einzureihen, während bei der Fangpartei der sicherste Fänger und zugleich reaktionsschnellste Spieler am Brennmal seinen Platz haben sollte. Gute Werfer befinden sich an der Grundlinie, alle anderen Spieler bemühen sich um entsprechende Raumdeckung.

V. *Spielvariationen*

Die Variationen beziehen sich hier — wie schon beim Laufball — nur auf Erweiterung der Grundregeln.

1. Auch die Fangpartei kann schon Spielpunkte erhalten. Jeder Fang des Balles aus freiem Flug wird mit einem Punkt belohnt.

2. Leistet sich die Wurfpartei mehr als drei ungültige Würfe, dann ist „Strafwechsel" anzuordnen.

3. Dasselbe kann auch vereinbart werden, wenn von der Wurfpartei mehr als die Hälfte „verbrannt" sind.

SCHLAGABWURFBALL

Vorbemerkungen

Mit diesem Spiel — auch wenn es mit dem Faustball oder Volleyball gespielt wird — nähern wir uns schon deutlich den Spielregeln für das Schlagballspiel. Das Spiel kann vor allem selbst in der Halle gespielt werden. Die 12/13jährigen nehmen es schnell auf und spielen es gern. In der Oberstufe ist der sogenannte Abschlag auch mit dem Fuß anzuwenden. In einer Variante

(DÖBLER, KIND, WAGNER, WIEMANN u. a.) kann auch im großen Feld im Freien gespielt werden.

I. *Spielbeschreibung*

Wiederum nehmen gleichstarke Mannschaften nach Losentscheid in einem abgegrenzten Spielfeld (10×15/20 m), in welchem ein Schlagmal, eine Schlaglinie gezeichnet und ein Laufmal aufgebaut sind, als Schlagpartei und Feldpartei Aufstellung *(siehe Abb. 7a)* Stärke jeder Mannschaft: 8—12 Spieler.

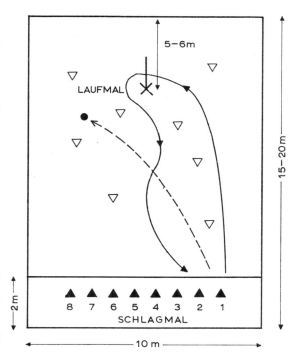

Abb. 7 a Schlagabwurfball

Das Laufmal ist ca. 5—6 m nach innen von der hinteren Grundlinie abgesetzt. Die Schlagpartei wird durchnumeriert und muß in dieser unveränderlichen Folge einen Volleyball (Faustball) in das Feld schlagen *(Abb. 7b)*. Der Ball kann mit der geschlossenen, geöffneten Hand oder auch mit dem Unterarm geschlagen werden. Nach jedem Schlag ist der Lauf möglich, und zwar hin und sofort zurück. Bei einem mißglückten oder weniger guten Schlag ist es jedoch erlaubt, bei einem besseren Schlag eines Kameraden den Lauf zu versuchen. Die Feldpartei bemüht sich, den geschlagenen Ball schnell unter

Kontrolle zu bekommen, um im geschickten Zuspiel einen Läufer einzukreisen und abzuwerfen.

Abb. 7 b

Wertung:

Wird ein Läufer bereits auf dem Wege zum Laufmal abgeworfen = 2 Punkte, Abwurf auf dem Rückweg = 1 Punkt für die *Feldpartei*. Gelingt dem Läufer der *Schlagpartei* der Hin- und Rücklauf, dann gewinnt der 2 Punkte für seine Mannschaft. Jeder Schlag über die hintere Grundlinie = 1 Punkt. Die Spielzeit beträgt 2×5 bis 2×10 Minuten.

III. *Spielmittel — Spielfeld*

Gespielt wird mit einem Volleyball (Faustball), der nicht zu hart aufgepumpt ist. Die Spielfeldgröße richtet sich nicht nur nach der Halle, sondern auch nach der Altersstufe der Schüler (siehe Spielbeschreibung).

IV. *Spielregeln*

a) Es braucht zwar nicht auf den eigenen Schlag gelaufen zu werden, doch mehr als drei Läufer dürfen nicht am Ablauf stehen.

b) Ist das der Fall, *muß* beim nächsten Schlag ein Läufer dieser Gruppe laufen.

c) Bälle, welche die seitlichen Begrenzungslinien überfliegen bzw. überrollen, bevor sie den Boden des Spielfeldes berührt haben, sind ungültig. Es kann darauf nicht gelaufen werden.

d) Bei mehr als drei Ausbällen wird der Schlagpartei ein Punkt abgezogen.

e) Über die hintere Grundlinie hinausfliegende Bälle sind gültig.

f) Die Läufer dürfen nicht bewußt behindert werden. Bei mehrfachen Verstößen wird Strafwechsel verhängt.

g) Sind drei Läufer am Ablauf und es kann beim nächsten Schlag niemand laufen (z. B. bei einem Ausball), dann erfolgt Strafwechsel.

h) Ein Schlag ist ungültig, wenn die Schlaglinie übertreten wird.

V. Spieltechnik — Spieltaktik

Es ist günstig, den Schlag aus einer Ausholbewegung nach hinten-unten anzusetzen (wie beim Volleyball). Die Schlagpartei hat vor Beginn darauf zu achten, daß ihre guten Schläger in der Folge gut verteilt sind.
Die Feldpartei trachtet nach zweckmäßiger Raumdeckung. Gute Werfer in der Nähe des Laufmales und vor der Schlaglinie!

VI. Spielvariationen

Durch Erschwerung bzw. Erweiterung der Regeln:

a) Nach jedem Schlag muß auf jeden Fall gelaufen werden. Jeder Ausball gibt einen Minuspunkt für die Schlagpartei. Ist kein Lauf möglich, erhält die Feldpartei 2 Punkte.

b) Es gelten beim Abwurf nur Treffer an die Beine.

c) Ein Schlag ist nur gültig, wenn der Ball wenigstens die Mittellinie überfliegt.

d) Nach jedem Abwurf ist Feldwechsel.

e) Der Ball wird nicht mit der Hand in das Feld geschlagen, sondern mit dem Fuß getreten (Fußschlag-Abwurfball).

Durch Übertragung auf ein größeres Spielfeld in das Freie und weiterer Annäherung an das Schlagball-Spiel (Döbler *u. a.*):
Spielgerät: Schlagball (möglichst Moosgummiball 150 g).
Das *Spielfeld* wird in drei Wurfräume aufgeteilt *(siehe Abb. 8)*, Mannschaftsstärke 8—14 Spieler pro Mannschaft. Der Ball wird in das Feld geworfen. (Abb. 8).

Spielregeln:

a) Würfe sind nur gültig, wenn sie in den abgegrenzten Wurfräumen I und II aufkommen (oder dort aufgefangen werden).

b) Jeder Läufer kann seine Strecke bei günstigen Würfen in zwei Etappen laufen. Die Feldgrenzen dürfen nicht übertreten werden.

c) Es dürfen nicht mehr als 3 Läufer am Ablauf sein. Einer muß auf jeden Fall beim nächsten Wurf laufen.

d) Ist ein Lauf begonnen, muß er auch weitergeführt werden.

e) Abgeworfene Spieler verlieren das Wurfrecht und scheiden aus.

f) Hat eine Mannschaft keinen wurfberechtigten Spieler mehr, dann ist sie „ausgehungert" (Feldwechsel).

g) Wird ein Läufer getroffen, erfolgt Feldwechsel.

h) Werden die Feldgrenzen und die Abwurflinie übertreten, bewußt Läufer behindert, die Wurffolge nicht eingehalten, erfolgt gleichfalls Feldwechsel.

i) Der Werfer darf beim Abwurf (oder Zuspiel) nur drei Schritte mit dem Ball laufen, sonst wird Feldwechsel angeordnet.

j) Spielzeit 2×5 bis 2×15 Minuten.

Wertung:

Die *Wurfpartei* gewinnt einen Punkt, wenn der Ball im Feld II aufkam und dort nicht gefangen wurde, ein Lauf zum Laufmal und zurück glückte.

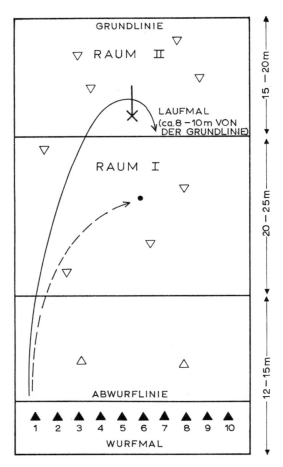

Abb. 8 Schlagabwurfball mit 3 Feldern

Die *Feldpartei* gewinnt einen Punkt, wenn der geworfene Ball mit einer Hand frei aufgefangen werden konnte, bei Ausbällen oder Würfen, die Feld I und Feld II nicht erreichten.

Spieltechnisch und spieltaktisch sind die gleichen Gesichtspunkte zu beachten, wie wir sie bereits vorauf anführten.

2. Von Schnappballspielen zum Handballspiel

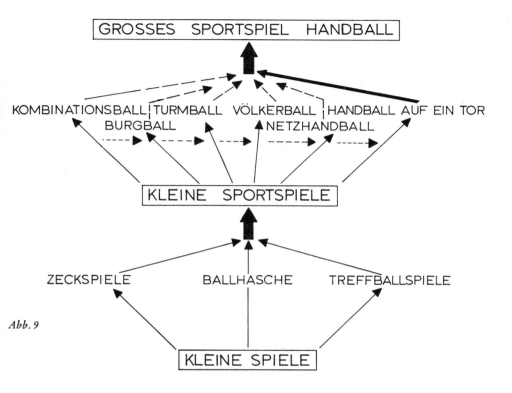

Abb. 9

KOMBINATIONSBALL

Vorbemerkung

Dieses Spiel ist eine folgerichtige Erweiterung der Hascheball-, Tiger- und Neckballspiele aus der Gruppe der Kleinen Spiele. Bereits von den 10/11jährigen kann es mit Erfolg aufgenommen werden.

I. *Spielbeschreibung*

Zwei zahlenmäßig gleichstarke Mannschaften (2/6 bis 2/6) stehen sich in einem abgegrenzten Spielfeld im Kampf um den Ball gegenüber. Mit einem Sprungball eröffnet der Spielleiter das Spiel, d. h. er wirft den Ball in der Mitte des Spielfeldes senkrecht hoch. Je ein Spieler von jeder Partei versucht im Sprung den Ball abzufangen. Die Aufgabe für die ballbesitzende Mannschaft besteht nun darin, mit Hilfe genauen Zuspielens und Freilaufens den

Ball möglichst lange zu behalten. Der Gegner stört mit dem Ziel, den Ball abzufangen, um selbst Spielpartei zu werden *(Abb. 10)*.

Abb. 10

II. *Spielmittel — Spielfeld*

Wir spielen mit einem Gymnastikball oder Handball. Je nach zahlenmäßiger Stärke der Spielmannschaften kann die Größe des Spielfeldes zwischen 10×10 m bis 10×20 m betragen *(Abb. 11)*.

III. *Spielregeln*

a) Mit dem Ball dürfen im Lauf nur drei Schritte ausgeführt werden. Danach muß er wieder geprellt werden.

b) Der Ball muß nach drei Sekunden abgeworfen sein, wenn ein Zuspiel beabsichtigt ist.

c) Körperlicher Einsatz beim Kampf um den Ball ist untersagt. Der Ball darf dem Gegner nur von vorn aus der Hand geschlagen werden. Bei Verstößen erhält der Gegner den Ball und einen Punkt.

d) Jeder Abfang des Balles zählt zwei Punkte.

e) Werden von einem Spieler der ballführenden Mannschaft die Begrenzungslinien überschritten, erhält die andere Mannschaft den Ball.

f) Wird der Ball von der ballführenden Mannschaft ins Aus geworfen, eröffnet der Gegner mit Einwurf das Spiel.

g) Spielzeit — je nach Altersstufe — 2×5 bis 2×10 Minuten, eingeschlossen ist eine Pause von 2—3 Minuten. Das Spiel wird nach der Halbzeit wieder mit einem Sprungwurf begonnen.

IV. *Spieltechnik — Spieltaktik*

Das Laufen mit dem Ball nach der Dreischrittregel will vorauf in Spiel- und Übungsformen gründlich geübt sein. Die Spieler der ballführenden Partei müssen sich stets so freilaufen und vom Gegner lösen, daß ihnen der Ball möglichst direkt zugespielt werden kann. Zuwürfe als Bogenwürfe sollten

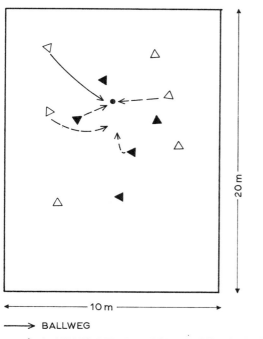

20 m

10 m

⟶ BALLWEG

--→ LAUFWEG DER BALLBESITZENDEN UND DECKENDEN SPIELER

Abb. 11

vermieden werden, weil sie leicht abzufangen sind. Die Pause in der Halbzeit ist notwendig, weil das gekonnt ausgeführte Spiel recht belastend ist. Wir wollen nach Möglichkeit mit kleinen Mannschaften auf mehreren Feldern spielen.

V. *Spielvariationen*

1. Das Spielfeld wird durch eine Mittellinie in zwei Hälften geteilt. Das Zuspielen des Balles darf nur mit einem Wurf über die Mittellinie erfolgen (sonst Ballwechsel). Das Spiel stellt auf diese Weise noch höhere Anforderungen an das Freilaufen.

2. Gelaufen darf nur mit dem Ball, wenn er mit einer Hand auf den Boden geprellt wird. Nach Aufnahme des Balles muß der Abwurf innerhalb von drei Sekunden ausgeführt werden.

BURGBALL ALS PARTEIENSPIEL

Vorbemerkungen

Zum genauen Zuspiel und Freilaufen tritt bei diesem Spiel das Üben der Treffgenauigkeit und der Wurfkraft. Mit den 11/12jährigen kann das Spiel begonnen werden.

I. Spielbeschreibung

In einem Spielviereck von 8×8 bis 15×15 m wird in der Mitte entweder auf drei zusammengebundenen Gymnastikstäben oder in der Halle auf einem Bock ein großer Medizinball aufgelegt. (Auf dem Bock liegt der Medizinball in einem Gymnastikring.) Um den aufgelegten Medizinball („Burg") ziehen wir einen Kreis von 4—5 m Durchmesser. Zwei zahlenmäßig gleichstarke Mannschaften (6/8—6/8) stehen im Kampf um die meisten Treffer. Durch Los wird diejenige Mannschaft bestimmt, die den Ball erhält und angreift. Die verteidigende Mannschaft bemüht sich um geschickte Deckung der Angriffsspieler, um Treffer zu verhindern.

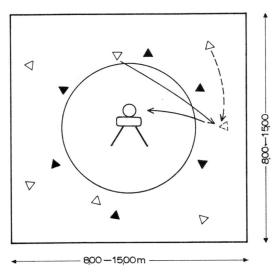

Abb. 12 Burgball als Parteienspiel

II. Spielmittel — Spielfeld

Wir spielen mit einem Handball. Das Spielfeld muß gut sichtbar markiert sein. Für das Spiel im Freien werden drei Gymnastikstäbe, in der Halle Bock und Gymnastikring benötigt. Aufgelegt wird ein 2 kg schwerer Medizinball. Die Größe des Spielfeldes richtet sich wiederum nach der Altersstufe (siehe Spielbeschreibung) (Abb. 12).

III. *Spielregeln*

a) Der Ball wird nach der Dreischrittregel geführt. Nach ca. drei Sekunden bei Aufnahme muß er abgeworfen sein.

b) Das Zuspiel kann auch über die Burg hinweg erfolgen.

c) Von den Deckungsspielern darf der Ball nur von vorn aus der Hand gespielt werden. Bei Fouls erhält die Gegenpartei den Ball.

d) Treffer sind nur gültig, wenn der Ball *von* der Burg geworfen wurde (Bock) oder durch Treffer des Balles die Burg zusammenbrach (Gymnastikstäbe).

e) Bei Ausbällen eröffnet die angreifende Mannschaft durch Einwurf den weiteren Spielverlauf.

f) Wird der Wurfkreis *vor* dem Abwurf übertreten, ist der Wurf ungültig.

g) Fängt die verteidigende Mannschaft den Ball ab (oder gewinnt ihn durch Aus-der-Hand-spielen), dann versucht sie, ihn möglichst lange in ihren Reihen zu halten. Der Angreifer muß ihn erst wieder „erobern".

h) Die Spielzeit beträgt 2 × 5 Minuten bis 2 × 10 Minuten. Nach der Halbzeit wechseln die Aufgaben.

i) Grobe Fouls werden mit einem Strafwurf vom Wurfkreis geahndet.

Abb. 13

IV. *Spieltechnik — Spieltaktik*

Das Spiel stellt im Vergleich zum Kombinationsball höhere Anforderungen an das geschickte Freilaufen, verbunden mit Finten und Täuschungen.

Schnelle und bewegliche Läufer „operieren" am Kreis, damit die wurfkräftigen Mitspieler Möglichkeiten haben, um Treffer zu landen.

V. Spielvariationen

1. Wenn der Ball geführt wird, darf er nur geprellt, nach Aufnahme muß er in jedem Fall abgespielt werden.
2. Wer den Ball besitzt, hat Wurfrecht. Wenn demnach die anfänglich verteidigende Partei den Ball abgefangen hat, wird sie zum Angreifer. Wird in dieser Weise gespielt, bedarf es keiner Halbzeit.
3. Das Spiel mit Burgwächtern *(Abb. 13)*.
   Hier wird um die Burg nochmals ein Kreis von 1,50 m Durchmesser gezogen. An diesem Kreis kann sich der „Burgwächter" der verteidigenden Mannschaft bewegen, um anfliegende Bälle abzuwehren oder abzufangen. Hat er einen Ball abgefangen, dann wirft er ihn einem möglichst entfernt stehenden Spieler der angreifenden Partei zu.
4. Burgball mit zwei Bällen.

TURMBALL

Vorbemerkungen

Dieses Spiel führt uns wiederum einen Schritt näher an das regelrechte Handballspiel [2]. Mit den einfachen Grundregeln kann es schon mit 11/12jährigen gespielt werden, während wir mit weiterem Zuschnitt auf die Hallenhandballregeln erst die 13/14jährigen in dieser Art spielen lassen sollten (siehe Spielvariationen). Wir halten das Spiel in der Art, wie es DÖBLER beschrieben hat, für die Schule am zweckmäßigsten.

I. Spielbeschreibung

Zwei Mannschaften zu je sieben Spielern werden gebildet. In der Halle (oder im Freien in einem Feld von $10 \times 20/30$ bis 20×40 m) werden ca. 5 m von den Grundlinien entfernt zwei Sprungkästen (0,90—1,10 m hoch) aufgestellt. Auf diesen „Türmen" stehen die Fänger, und zwar so, daß der eigene Fänger einer Mannschaft auf dem Kasten im gegnerischen Feld seine Position bezieht. Jeder nach gutem Zuspiel und dosiert-gezieltem Wurf gefangene Ball von Spielern der eigenen Mannschaft zählt einen Punkt *(Abb. 14)*.

II. Spielmittel — Spielfeld

Wir benötigen einen Handball und zwei Sprungkästen. Das Spielfeld muß in

---

[2]) Verengen wir den Wurfkreis auf einen Durchmesser von 1,50—2,00 m, dann trägt das Spiel auch für Korb- und Basketball vorbereitenden Charakter, weil sich die Wurfart ändert. Mannschaftsstärke dann 5 : 5. Wir spielen mit einem Volley- oder Basketball.

der angemessenen Größe gut markiert sein. Durchmesser des Wurfkreises um den Kasten ca. 6—8 m.

Abb. 14

III. *Spielregeln*

a) Das Spiel beginnt mit dem Anwurf an der Mittellinie. Die anwerfende Mannschaft wird durch das Los bestimmt.

b) Nach jedem gelungenen Fang (ohne Verlassen des „Turmes") beginnt die gegnerische Mannschaft wieder mit einem Anwurf.

c) Der Ball wird nach der Dreischrittregel geführt und darf nur drei Sekunden in der Hand gehalten werden.

d) Es ist nur erlaubt, den Gegner von vorn anzugehen. Halten und Stoßen sind nicht zulässig und werden mit einem Freiwurf geahndet.

e) Fouls in der Nähe des Turmes können auch einen Turmwurf aus sieben Meter Entfernung nach sich ziehen.

f) Der Ball kann dem Gegner nur während des Dribbelns aus der Hand gespielt werden.

g) Geht der Ball über die Seitenlinie in das Aus, wird er durch Einwurf wieder in das Spiel gebracht (darf jedoch nicht dem Turmwächter zugeworfen werden).

h) Überschreitet der Ball die Grundlinie, wirft der dortige Turmwächter ab. Er kann jedoch den Ball nur einem Spieler der eigenen Mannschaft zuwerfen, der wenigstens an der Mittellinie steht.

i) Der Kasten darf im Spiel umlaufen werden.

IV. *Spieltechnik — Spieltaktik*

Wenn die Mannschaftsstärken bei sieben Spielern belassen werden, kann mit einem Turmwächter, zwei Verteidigern, einem Mittelfeldläufer und drei Stürmern gespielt werden, ohne daß das Spiel in diesen Aufgaben zu erstarren braucht. Es ist durchaus auch möglich, die Stürmer in „fliegendem Wechsel" auszutauschen. Mit der 7er Mannschaft können erst taktische Spielzüge erarbeitet werden.

V. *Spielvariationen*

Bei diesem Spiel wollen wir die Variation lediglich bei einer Einengung auf künftige Handballregeln belassen:

a) Wenn der Ball geführt wird, darf er nur mit einer Hand geprellt werden. Nach Aufnahme des Balles ist ein weiteres Dribbeln unzulässig. Er muß nach drei Sekunden einem Mitspieler zugeworfen werden.

b) Bälle, welche Teile des Unterkörpers berühren, werden mit einem Freiwurf geahndet.

VÖLKERBALL

Vorbemerkungen

Beim Völkerballspiel, das sicher weniger von der Spielidee handballvorbereitend ist, werden Fangsicherheit, Wurfkraft und Wurfgenauigkeit entwickelt. In besonderem Maße fördert das Spiel die Reaktionsschnelligkeit. Mit den Grundregeln kann das Spiel bei angemessener Spielfeldgröße bereits mit den 11/12jährigen erprobt werden.

I. *Spielbeschreibung*

In zwei gleichgroßen Feldern stehen sich die zahlenmäßig gleichstarken Mannschaften gegenüber. Jede Partei stellt einen Schüler ab, der sich hinter der Grundlinie aufhält, um die durchlaufenden Bälle seiner Mannschaft zurückzuwerfen. Abwurfrecht aus seiner Position hat er aber erst, wenn ein weiterer Spieler seiner Mannschaft abgeworfen ist und hinter die Grundlinie muß. Von diesem Augenblick kann er bereits zu seiner Mannschaft zurück, kann aber auch noch fast bis zum Schluß warten. Der Spielleiter wirft den Ball zu Beginn des Spieles an der Mittellinie senkrecht in die Höhe. Die sprungkräftigsten Schüler versuchen, den Ball in ihr Feld zu schlagen (Sprung-ball). Durch geschicktes Zuspiel zwischen Spielern der Feldmannschaft und ihrem Spieler hinter der gegnerischen Grundlinie (später auch mit den dort befindlichen abgeworfenen Spielern) versucht die eine Mannschaft Spieler des Gegners abzuwerfen. Dieser wiederum bemüht sich durch Abfangen des Balles zum Wurfrecht zu gelangen *(Abb. 15)*.

Abb. 15

II. *Spielmittel — Spielfeld*

Je nach Altersstufe der Schüler kann mit einem Gymnastikball, Handball oder leichtem Medizinball gespielt werden, je nach Altersstufe wird das Spiel-feld 10×10 m, 15×10 m oder 20×10 m — durch eine Mittellinie getrennt — groß sein.

III. *Spielregeln*

a) Der Ball muß stets unverzüglich abgeworfen werden. Es kann im Feld bis zur Mittellinie gelaufen werden.

b) Es gelten nur Abwürfe, bei denen der Ball den Gegner aus direktem Flug trifft und dieser den Ball nicht fangen kann, „Aufsetzer" sind ungültig.

c) Prallt der Ball von einem Gegner ab, wird jedoch von einem seiner Spiel-kameraden gefangen, dann ist nicht auf Abwurf anzuerkennen.

d) Gelingt ein Abwurf und der Ball rollt nicht in das eigene Feld zurück, dann wechselt das Wurfrecht.

e) Bei schräg angesetzten Würfen, die erfolglos sind und in das Aus gehen, bekommt immer diejenige Mannschaft den Ball, deren Seitenlinien er überfliegt oder überrollt.

f) Überschreiten Spieler der Wurfpartei die Mittellinie, wechselt das Wurf-recht.

g) Überschreiten Spieler der Fangpartei die Seiten- oder Grundlinie, dann gelten sie als abgeworfen.

h) Es sind alle Wurfarten erlaubt.

i) Es hat stets derjenige Spieler zu werfen, der den Ball gefangen oder aufgenommen hat. (Mit dieser Regel wollen wir erreichen, daß nicht nur die wurfstarken Schüler dauernd werfen.)

IV. *Spieltechnik — Spieltaktik*

Das Spiel wird erst dann zum Kleinen Sportspiel, wenn in vorbereitenden Übungsformen ausreichend das Werfen und Fangen geübt wurde. Es ist taktisch klug, wenn der Schüler hinter der gegnerischen Grundlinie reaktionsschnell ist und gut werfen kann. Sind allmählich mehrere abgeworfene Spieler hinter der Grundlinie, dann trägt eine geschickte Seiten- und Tiefenstaffelung dazu bei, daß das Spiel seine Schnelligkeit behält. Der erste Spieler hinter der Grundlinie sollte nicht so lange warten, bis der letzte Spieler seiner Mannschaft abgeworfen ist.

V. *Spielvariationen*

1. Je nach Bildungsabsicht des Lehrers kann diese elementare Form des Völkerballspieles durch entsprechende Anordnungen oder Veränderung der Grundregeln erschwert werden.

   a) Die abgeworfenen Spieler dürfen sich auch an den Seitenlinien des gegnerischen Feldes aufstellen und von dort aus abwerfen. Dadurch kommt noch mehr Schwung in das Spiel.

   b) Im Feld muß von der Stelle aus geworfen werden, wo der Ball aufgenommen oder gefangen wird. Anfangs mit „Dreischrittregel", später direkter Wurf nach drei Sekunden.

   c) Ein im Feld aufgenommener oder gefangener Ball soll erst einem Mitspieler zugeworfen werden, der besonders günstig steht.

   d) Der Gegner kann nur mit einem Kernwurf abgeworfen werden.

   e) Mit dem Medizinball:
   Der Ball darf nur gestoßen werden, es wird nur im Schockwurf gespielt und abgeworfen.

   f) Der Abwurf ist nur gültig, wenn an die Unterschenkel getroffen wurde.

   g) Völkerball mit zwei Hohlbällen. Der Ball darf nur drei Sekunden gehalten werden.

   h) Wettkampfmäßiges Völkerballspiel.
   Je nach Klassenstärke werden 4—6 gleichstarke Mannschaften gebildet. Zwei bis drei Spielfelder sind schnell mit Zauberschnüren, Gymnastikseilen usw. markiert.

Es spielt jede Mannschaft 2×5 Minuten.
Wer nach dieser Zeit die meisten Schüler abgeworfen hat, ist Sieger.
In der Art „Jeder gegen Jeden" wird die beste Klassenmannschaft
ermittelt.

Abb. 16

2. Völkerball mit langen Kästen als Barrikaden *(Abb. 16)*.
   In der Mitte eines jeden Feldes wird ein Kasten seitgestellt. Hinter dem
   Kasten kann ein Teil der Schüler Deckung suchen.
   Abwandlungen: Schüler, die auf dem Kasten stehen oder sitzen, dürfen
   nicht abgeworfen werden („Hoch ist frei!"). Überfliegt der Ball die
   Grund- oder Seitenlinie des eigenen Spielfeldes, muß der Kasten zunächst
   verlassen werden.

3. Völkerball über die Zauberschnur
   Es wird eine Zauberschnur gespannt. Höhe je nach Altersstufe 1,50—2 m.
   Abwürfe sind nur gültig, wenn sie über die gespannte Schnur erfolgten.
   Die hinter der Grundlinie des gegnerischen Feldes befindlichen Schüler
   dürfen nicht abwerfen. Sie vollziehen nur noch die Aufgabe des guten
   Zuspieles für ihre noch im Feld befindlichen Mannschaftskameraden.
   Diese Form des Völkerballspieles eignet sich hervorragend zur Schulung
   des Sprungwurfes (Oberstufe).
   Abwandlungen: Beachtung der Dreischrittregel.
   Der Ball darf nur drei Sekunden im Besitz gehalten werden. Der Ball
   muß einem in Wurfstellung gelaufenen Schüler zugespielt werden.

4. Völkerball durch das „Fenster"
   Zwei Zauberschnüre werden gespannt, die je nach Fertigkeit der Schüler
   ein größeres oder ein kleineres „Fenster" bilden. Abwürfe sind nur gültig,
   wenn sie durch das „Fenster" erfolgen.

5. Völkerball mit drei Mannschaften
   Das Spielfeld besteht aus drei gleichgroßen Feldern. (Je Feld 10 × 10 m).
   Drei gleichstarke Mannschaften nehmen darin Aufstellung. Jede der beiden äußeren Mannschaften versucht, möglichst viel „Treffer" bei der
   mittleren Mannschaft zu erzielen, denn die abgeworfenen Schüler werden
   in ihrer Mannschaft eingereiht. Die Aufgabe der mittleren Mannschaft
   besteht nur darin, möglichst geschickt den Würfen auszuweichen. Sieger
   ist die Mannschaft, die am Schluß die meisten Schüler abgeworfen hat.

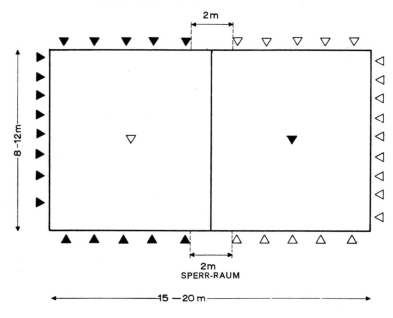

Abb. 17   Völkerball umgekehrt

6. Völkerball — umgekehrt
   Diese Abwandlung, die uns L. ROTHENBERG übermittelte, kehrt die Spielidee um. Das Spiel hat eine beachtlich höhere Intensität und auch die
   „Spielschwachen" übernehmen eine wichtige Rolle. Die Mannschaften
   stellen sich außerhalb der Grund- und Seitenlinie auf, wobei etwa 2 m an
   der Mittelfeldlinie ausgespart werden *(siehe Abb. 17).* In jedem Spielfeld befindet sich ein Spieler. „Die Aufgabe der Außenstehenden ist es,
   sich durch Abwerfen eines gegnerischen Feldspielers aus der Außenstellung

zu erlösen und selbst Feldspieler zu werden" (Rothenberg). Die Wurfregeln des Völkerballspieles behalten Gültigkeit. „Die Aufgabe der Feldspieler besteht nun darin, die Treffer der Gegenpartei zu vermeiden und selbst in den Ballbesitz zu gelangen, um den Ball an die eigenen Außenspieler abzuspielen" (Rothenberg). Sie können sich also voll auf das Abfangen der Bälle konzentrieren.

Sieger ist diejenige Partei, „die durch Treffer beim Gegner alle Außen — zu Feldspielern verwandelt hat und zuerst vollzählig im Feld ist.".

HANDBALL ÜBER DIE SCHNUR (NETZ)

Vorbemerkungen

Mit diesem Kleinen Sportspiel wird im wettkampfmäßigen Ablauf ein wesentliches Spielelement des modernen Handballspieles geübt und praktisch angewandt: der Sprungwurf. Wurfkraft und Wurfgenauigkeit — auch das Stellungsspiel zur Abwehr geworfener Bälle — erfahren eine weitere Funktionsreife. Mit den 12jährigen sollten wir bei diesem Spiel einsetzen.

I. *Spielbeschreibung*

Die Mannschaftsstärke kann je nach Spielfeldgröße zwischen 6—12 Spielern pro Mannschaft betragen. Das Spielfeld ist in der Mitte durch eine Zauber-

Abb. 18

schnur (oder durch das Volleyballnetz) in zwei Hälften geteilt (Höhe der Schnur 1,60—2,00 m). Die gesamte hintere Grundlinie ist zugleich Torlinie. Beiderseits der Schnur (Netz) werden in 1,50 m Entfernung zwei Abwurflinien gezogen. Jeweils die Hälfte einer Mannschaft befindet sich an der Grundlinie und übernimmt die Funktion des Torwartes, die andere Hälfte ist im Feld und versucht nach Zuspiel mit einem Sprungwurf beim Gegner ein Tor zu erzielen *(Abb. 18)*.

II. Spielmittel — Spielfeld

Wir benötigen eine Zauberschnur (bzw. in der Halle das Volleyballnetz). Spielfeldgröße — wenn nicht das Volleyballfeld benutzt wird — 10×15 m bis 10×20 m. Gespielt wird mit einem Handball (*Abb. 19*).

Abb. 19 Handball über die Schnur

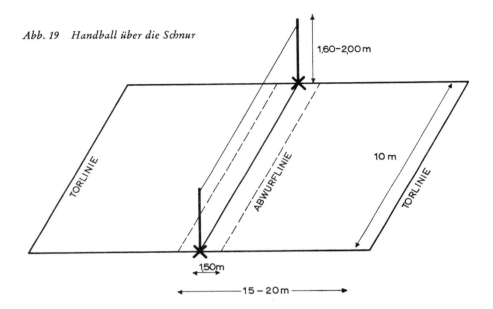

1,60–2,00 m

TORLINIE

ABWURFLINIE

10 m

TORLINIE

1,50m

15–20 m

III. Spielregeln

a) Die anwerfende Mannschaft wird durch Los bestimmt.

b) Der Ball kann nur dreimal zugespielt werden.

c) Die Abwurflinie darf mit dem Absprung nicht übertreten werden. (Nach dem Abwurf erlaubt!)

d) Es zählen nur Treffer, die noch gut reichhoch waren (Entscheidung beim Spielleiter). Der Ball darf vorher die Schnur nicht berühren.

e) Nach jedem Treffer wechseln die Funktionen in der Mannschaft, die diesen Treffer erhalten hat, d. h. die Torwarte gehen nun in das Feld.

f) Spielzeit 2×10 bis 2×15 Minuten mit Halbzeit.

IV. Spieltechnik — Spieltaktik

Vorausgehend sollten wir mit Gymnastikbällen den Sprungwurf üben, ohne über eine Schnur werfen zu müssen. Wir können aus der Zwei- oder aus der Dreischrittfolge werfen lassen. Der Rechtshänder springt im Wurfansatz links ab und holt aus (wobei bis etwa in Schulterhöhe die linke Hand den Ball noch stützt). Das Schwungbein (rechtes Bein) beugt im Kniegelenk ein und wird gleichgewichtserhaltend etwas nach außen geführt. Aus einer Verwringung erfolgt der Wurf. Nach dem Abwurf setzt das linke Bein zuerst wieder auf. Die Abwehrspieler müssen das Zuspiel der Gegner genau verfolgen, um evtl. den Ball durch einen hohen Sprung bereits im Feld abzuwehren. Dem Werfer muß der Ball möglichst von vorn zugespielt werden und zwar so, daß ihm auch noch aus der Zwei- oder Dreischrittfolge ein Sprungwurf möglich ist.

V. Spielvariationen

1. Es werden zwei Schnüre zu einem „Fenster" gespannt (Abstand der Schnüre ca. 50 cm). Gültig sind nur Bälle, die glatt durch das „Fenster" flogen.
2. Von jeder Mannschaft befindet sich je ein Spieler im Felde des Gegners, um Zuspiel und Wurf zu stören.

HANDBALL AUF EIN TOR

Vorbemerkungen

Dieses Spiel wird sehr häufig von den Schülern auf den Spielplätzen gespielt. In der Schule bietet es die Möglichkeit, fast alle Spielelemente des Handballspieles im Wettkampf zu erproben. Da wir jedoch hierzu bereits die Markierungen nach den amtlichen Regeln benutzen, gehört es vorrangig in die Oberstufe, wird also einen angemessenen Platz in der Spielerziehung ab 7. Klasse bei den 14/15jährigen haben.

I. Spielbeschreibung

Jede Mannschaft sollte nicht mehr als 5 Spieler zählen. Bei zahlenmäßig starken Klassen werden wir das Spielen daher in der Turnierform durchführen. Jede Mannschaft versucht, innerhalb einer bestimmten Spielzeit die meisten Tore zu erzielen. Nach der Halbzeit übernimmt die bis dahin angreifende Mannschaft die Rolle des Verteidigers.

II. Spielmittel — Spielfeld

Gespielt wird mit einem Handball auf ein Hallenhandballtor mit den dazugehörigen Markierungen im Vorfeld (siehe Abb. 20).

III. Spielregeln

a) Das Zuspiel zum Angriff beginnt außerhalb der Freiwurfzone.
b) Der Ball darf nur mit einer Hand beim Dribbeln gespielt werden.
c) Wird der Ball nach dem Dribbeln mit beiden Händen aufgenommen, muß er innerhalb von drei Sekunden abgespielt oder auf das Tor geworfen sein.

d) Berührungen des Balles mit dem Unterschenkel, Knie oder Fuß sind Spielfehler. Sie werden beim Angreifer so geahndet, daß ein gegnerischer Spieler den Ball erhält und die Angreifer sich hinter die Freiwurflinie zurückziehen müssen. Nun wird der Ball einem beliebigen Spieler der angreifenden Mannschaft wieder zugeworfen, so daß ein neuer Angriff gestartet werden kann. Bei der verteidigenden Mannschaft wird auf Freiwurf entschieden.

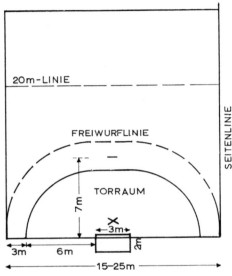

Abb. 20   *Handball auf ein Tor*

e) Der Ball kann dem Angreifer nur von vorn aus der Hand gespielt werden. Stoßen und Rempeln werden mit Freiwürfen bestraft, grobe Fouls beim Ansatz zum Torwurf mit einem 7-Meter-Ball.

f) Sind die Verteidiger in den Besitz des Balles gekommen, spielen sie ihn sich solange zu, bis die Angreifer sich hinter die Freiwurflinie zurückgezogen haben. Dann erst wird er wieder einem Spieler der angreifenden Mannschaft zugeworfen.

g) Geht ein Ball seitlich in das Aus, führt der Angreifer den Einwurf durch.

h) Wurde ein Tor erzielt, wartet der Torwart so lange, bis die Angreifer sich hinter die Freiwurflinie begeben haben. Dann erst wirft er den Ball zu einem Spieler der angreifenden Mannschaft.

i) Spielverzögerungen durch die Verteidiger (zu langes Halten des Balles, bewußt weiter Wurf in das Feld) können nach einer Verwarnung der Mannschaft mit einem 7-Meter-Wurf bestraft werden.

j) Spielzeit 2×5 bis 2×10 Minuten.

IV. Spieltechnik — Spieltaktik

Spieltechnisch muß das sichere Werfen und Fangen — auch das Führen des Balles im Dribbling — schon etwas gekonnt sein, wenn das Spiel echte Freude machen soll. Aus diesem Grunde steht es auch am Ende unseres Kanons der handballverwandten Kleinen Sportspiele. Taktisch kommt es darauf an, durch geschicktes Freilaufen und Spielen des Balles einen Spieler so in Schußposition zu bringen, daß der Torschuß erfolgreich sein kann.

V. Spielvariationen

1. Innerhalb einer bestimmten Spielzeit erfolgt der Wechsel stets dann, wenn ein Torwurf (zwei, drei) in das Aus ging. Durch diese Variation bemühen sich die Spieler noch mehr um gezielte Würfe.

2. Die Aufgaben wechseln dann, wenn es den Verteidigern gelingt, sich in den Besitz des Balles zu bringen. Bei dieser Variante wird jedoch stets mit dem gleichen Torwart gespielt und die Feldmannschaften sind zahlenmäßig gleichstark. Kommen die Verteidiger in den Besitz des Balles, haben sie ihn erst einem eigenen Spieler zuzuwerfen, der sich schnell in die Freiwurfzone begeben hat. Dann erst kann angegriffen werden.

3. Von Ballfangspielen zum Volleyballspiel

BALL ÜBER DIE SCHNUR

Vorbemerkungen

In der Spielidee, den Ball möglichst lange in der Luft zu behalten, erkennen wir eine gewisse Verwandtschaft mit dem heute nun weit verbreiteten Volleyballspiel. Als eigenständiges *Kleines Sportspiel* lockt es bereits die Schüler

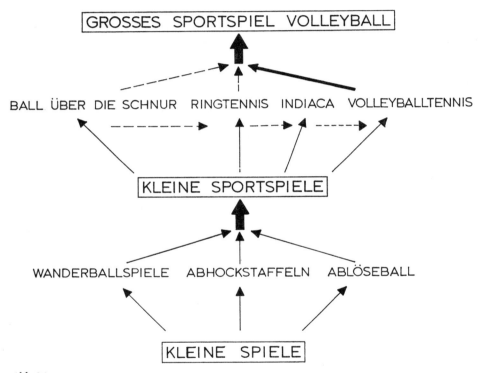

Abb. 21

der Mittelstufe, und die Mädchen haben bis in die Oberstufe hinein Freude und Interesse an dem Spiel. Auf die älteren Jungen (14- bis 16jährige) übt es besonderen Reiz aus, wenn mit dem Medizinball gespielt wird.

I. *Spielbeschreibung*

Zwei gleichstarke Mannschaften (je 6—8 Spieler) verteilen sich in ihrem Spielfeld in guter Raumdeckung. Das gesamte Spielfeld ist in der Mitte durch eine zwei Meter hochgespannte Zauberschnur in zwei Hälften geteilt. Das

Los bestimmt diejenige Mannschaft, die beginnt und mit geschickten Würfen über die Schnur erreichen will, daß der Ball beim Gegner zu Boden fällt. Dieser wiederum bemüht sich um ein sicheres Abfangen, um seinerseits die gleiche Absicht zu verfolgen. So fliegt der Ball hin und her über die Schnur. Fällt der Ball bei einer Mannschaft zu Boden, erhält die andere einen Spielpunkt. Die wieder anwerfende Mannschaft hat inzwischen im Uhrzeigersinn die Plätze gewechselt und das Spiel geht weiter. Der Ball muß von der Grundlinie angeworfen werden (*Abb. 22*).

Abb. 22

II. *Spielmittel — Spielfeld*

Je nach Altersstufe spielen wir mit einem Gymnastikball, Volleyball oder Medizinball. Das Spielfeld ist 9 × 18 m groß und in der Mitte mit einer 1,80—2,20 m hohen Zauberschnur versehen. (Es kann auch das Volleyballnetz gespannt werden!) Beiderseits werden parallel zur Schnur in einem Abstand von 1,00 m zwei Abwurflinien gezogen.

III. *Spielregeln*

a) Es ist jede Wurfart gestattet.

b) Gültig sind Würfe, bei denen die Abwurflinie nicht übertreten wurde und die nicht in das Aus fliegen.

c) Gehen Bälle in das Aus, erreichen unter der Schnur das Gegenfeld oder berühren sie, dann erhält die Gegenpartei den Ball zu einem Anwurf von der Grundlinie aus.

d) Bei jedem neuen Anwurf müssen die Plätze im Uhrzeigersinn gewechselt werden.

e) Die Abwurflinie darf nicht betreten werden. Bei einem Fehler wird mit Anwurf für die Gegenmannschaft geahndet.

f) Der Ball muß immer von der Stelle aus über die Schnur geworfen werden, wo er gefangen wurde. Der Fänger ist stets auch der Werfer. Der Abwurf soll ohne Verzögerung erfolgen (3 Sek.).

g) Finten sind erlaubt.

h) Gespielt wird entweder in Sätzen bis zu 15 Punkten oder nach Zeit (2×10 Min.).

IV. *Spieltechnik — Spieltaktik*

Die Mannschaftsaufstellungen sollten so vorgenommen werden, daß die größeren Spieler (bzw. sprungkräftigen Schüler) gut im Mannschaftsgefüge verteilt sind. Laufen ein oder zwei Spieler zur Abwehr eines Balles nach vorn, müssen die Neben- und Hinterspieler den freigewordenen Raum mit decken. Nirgends darf während des Spieles eine größere ungedeckte Fläche entstehen.

V. *Spielvariationen*

1. Mit dem gefangenen Ball können drei Schritte gelaufen werden.

2. Der Ball muß vor dem Abwurf dreimal in der Mannschaft zugespielt sein.

3. Es wird mit zwei Bällen gespielt, wobei jedoch nicht erlaubt ist, beide Bälle bewußt auf einen Spielgegner zu werfen.

4. Es werden bestimmte Wurf- und Stoßarten vorgeschrieben.

5. Die Abwurflinie wird auf 3—4 m zurückverlegt und das Spielfeld vergrößert.

RINGTENNIS

Vorbemerkungen

Dieses Spiel eignet sich besonders für die Mädchen vom 12./13. Lebensjahr an. In mehreren Spielgruppen wird über die gespannte Zauberschnur im Doppel, aber auch in Mannschaften mit drei und vier Spielern gespielt. Die Spielidee ist die gleiche wie bei „Ball über die Schnur".

I. *Spielbeschreibung*

Der Tennisring wird hinter der Grundlinie angeworfen und in das Spiel gebracht. Der Ring muß so geworfen werden, daß er weder „flattert" noch sich überschlägt. Eine Gegenspielerin fängt den Ring mit einer Hand und wirft ihn so zurück, daß ihn die Spielgegnerin möglichst nicht erreicht. Der Ring muß innerhalb von drei Sekunden zurückgeworfen werden *(Abb. 23)*.

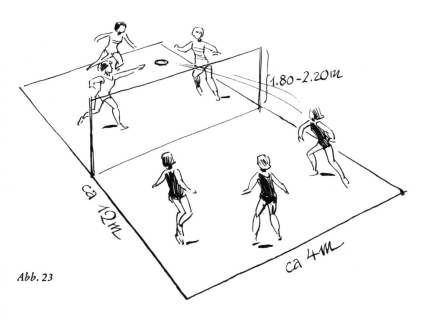

Abb. 23

II. *Spielmittel — Spielfeld*

Gespielt wird mit dem bekannten Tennisring. In der Halle können durch Zauberschnüre mehrere Felder gebildet werden (Größe des Einzelfeldes ca. 4×6 m). Spielen wir in Turnierform, dann benutzen wir das Badminton-Netz.

III. *Spielregeln*

a) Der Ring wird zu Beginn und bei jedem neuen Anwurf (bei Punktgewinn der gegnerischen Mannschaft) hinter der Grundlinie an der rechten Ecke angeworfen.

b) Würfe, bei denen der Ring stark flattert oder sich überschlägt, sind ungültig. Die Gegenpartei erhält den Anwurf.

c) Gleichfalls sind alle Würfe ungültig, die in das Aus gehen, die Schnur, das Netz berühren oder in den Sperr-Raum fallen. Die Gegenpartei erhält den Anwurf.

d) Bei jedem neuen Anwurf müssen die Spieler ihren Platz wechseln.

e) Der Ring darf nur mit einer Hand gefangen werden.

f) Beim Abwurf ist nur ein Schritt (Bewegung in die Ausholstellung) erlaubt.
g) Der Abwurf soll innerhalb von drei Sekunden vollzogen sein. Täuschungen und Finten sind erlaubt.
h) Jeder zu Boden gefallene Ring bringt den Gegenspielern einen Pluspunkt.
i) Gespielt wird nach Zeit (2×5 bis 2×10 Min.) und mit Punktwertung.

IV. *Spieltechnik — Spieltaktik*
Beim Doppel kommt es darauf an, daß die anwerfende Spielerin schnell in das Feld nachrückt. Besonders der Wurfansatz ist genau zu beobachten, um aus Ausholbewegung und Körperhaltung den Flug des Ringes zu antizipieren. Beim Wurf muß das Handgelenk locker gehalten werden.

V. *Spielvariationen*
1. Das Feld wird vergrößert, und der Ring darf einmal zugespielt werden. (Beim Spiel drei gegen drei oder vier gegen vier.)
2. Beim Spiel in Vierergruppen werden zwei Tennisringe verwandt.

INDIACA

Vorbemerkungen

Dieses südamerikanische Flugballspiel sollte in der Oberstufe mehr Verbreitung finden. Der Spielsinn für das Volleyballspiel wird — bei allem Eigenwert des Indiacaspieles — in spürbarer Weise gefördert. Das Spiel kann als

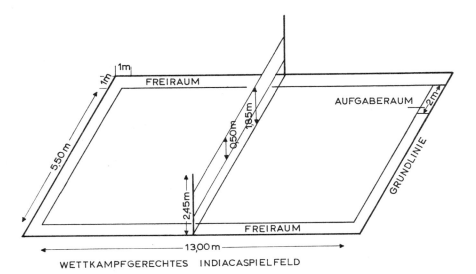

WETTKAMPFGERECHTES INDIACASPIELFELD

Abb. 24

Einzel- und Doppelspiel, aber auch als Mannschaftsspiel (bis 6 Spieler pro Mannschaft) gepflegt werden.

I. *Spielbeschreibung*

In der Schule spielen wir über die Zauberschnur, können jedoch auch ein Badminton-Netz spannen (um den sonst üblichen Spielfeldmaßen nahe zu kommen, *siehe Abb. 24),* wenn wir ein Turnier durchführen. Die Indiaca wird wie beim Volleyball vom Anschlagrechteck aus in das Spiel gebracht. Die gegnerische Mannschaft bemüht sich um Rückschlag, bevor die Indiaca zu Boden fällt.

II. *Spielmittel — Spielfeld*

Indiaca kann in der Schule in einem Feld von 4/6 $\times$ 8/12 m gespielt werden. Die Größe des Spielfeldes richtet sich nach der Mannschaftsstärke.

DIE INDIACA

Abb. 25

III. *Spielregeln*

a) Die Indiaca darf nur mit der flachen inneren Hand geschlagen werden.

b) Das Spiel beginnt mit dem Anschlag einer Mannschaft aus dem Anschlag-rechteck hinter der Grundlinie.

c) Der Anschlag muß von unten (unter der Hüfte) erfolgen *(Abb. 26).*

d) Die Indiaca darf nur dreimal im eigenen Feld zugespielt werden.

e) Fällt die Indiaca zu Boden, wechselt der Anschlag, und die Gegenpartei gewinnt einen Punkt.

f) Bei Ausbällen und Fehlangaben erhält der Spielgegner den Anschlag.

g) Wird als Doppel oder Mannschaft gespielt, wechselt die Mannschaft mit jedem neuen Anschlag die Plätze im Uhrzeigersinn.

h) Spielzeit 2×10 bis 2×15 Minuten.

Abb. 26

IV. *Spieltechnik — Spieltaktik*

Die Indiaca muß von der aufnehmenden Mannschaft zeitig antizipiert sein. Beobachtung des Gegenspielers schon beim Schlag! Die Hand ist beim Schlag geöffnet-straff, doch nicht verkrampft einzusetzen.

VOLLEYBALL-TENNIS

Vorbemerkungen

Hier handelt es sich um ein Kleines Sportspiel, das noch relativ wenig bekannt ist. Es vermag jedoch eine ganze Klasse — und in besonderem Maße die Mädchen — in den Bann zu ziehen, wenn es erst einmal grob gekonnt wird. Volleyball-Tennis ist ein Spiel für die Oberstufe. Es kann als Doppel, in der Dreier- oder Vierergruppe gespielt werden. Wesentliche Elemente des Volleyballspieles werden im einfacheren Spiel vorgeübt bzw. können ausgeprägt werden; wenn auch gegen das Grundthema des Volleyballspieles („der Ball darf nicht den Boden berühren") verstoßen wird. Bei der für die Schüler schwierigen Spieltechnik sei diese Vereinfachung jedoch erlaubt.

I. *Spielbeschreibung*

Der Ball wird vom Anschlagrechteck hinter der Grundlinie von der beginnenden Mannschaft über die Zauberschnur hinweg in das Feld der Gegenpartei geschlagen. Dort darf der Ball aufspringen, muß jedoch dann mit Hilfe des Pritschens oder des Baggerns über die Schnur gespielt werden. Nun wird der Ball wiederum von der Gegenpartei erst dann gespielt, wenn er auf dem Boden aufgeprallt ist.

II. *Spielmittel — Spielfeld*

Gespielt wird mit einem Plastikball oder Volleyball. Durch die Länge der Halle spannen wir 2 m hoch eine Schnur. Dann werden Spielfelder in der Größe von 4×8/10 m markiert.

III. *Spielregeln*

a) Die Angabe darf nur als Bogenschlag ausgeführt werden (von unten unter den Ball schlagen *(Abb. 27 a)*.

Abb. 27 a

b) Der Ball kann dreimal im eigenen Feld zugespielt werden.

c) Beim Zuspiel bleibt es den Spielern überlassen, ob sie ihn direkt oder nach Bodenaufprall über die Schnur pritschen *(Abb. 27 b)* oder baggern *(Abb. 28)*.

Abb. 27 b

d) Geht ein geschlagener Ball in das Aus, bekommt der Gegner den Anschlag.

e) Gelingt es nicht, den Ball über die Schnur zu spielen, gewinnt der Gegner den Anschlag.

f) Mit jedem Anschlag wechseln die Spieler im Uhrzeigersinn.

g) Gespielt wird entweder nach Zeit oder bis zu 15 Punkten. Punktwertung in Anlehnung an das Volleyballspiel.

Abb. 28

IV. *Spieltechnik — Spieltaktik*

Ein Spieler sollte grundsätzlich an der Grundlinie stehen, um weit geschlagene Bälle aufzunehmen. Beim Zuspiel die Bälle „hochstellen", damit sie entweder sicher direkt gespielt oder durch den guten Aufprall entsprechend aufgenommen werden können. Es empfiehlt sich, das Pritschen und Baggern — als spezifische Spielweisen — vorauf in Partnerschaften oder kleinen Gruppen zu erproben.

V. *Spielvariationen*

1. Der Ball muß nach dem Aufprall sofort in das gegnerische Feld gespielt werden.

2. Das Zuspiel soll nach dem ersten Aufprall nur noch direkt erfolgen, d. h. der Ball darf nun nicht mehr den Boden berühren.

3. Der Ball kann auch sofort gepritscht oder gebaggert werden (also ohne vorherige Bodenberührung).

4. Von Torballspielen zum Fußballspiel

DREIFELDER-FUSSBALL

Vorbemerkungen

Dreifelder-Fußball bietet sich vor allem als Spiel für die Mittelstufe an. Spielgedanke und Spielorganisation erschließen die Möglichkeit, auch mit zahlenmäßig starken Klassen Fußball zu spielen.

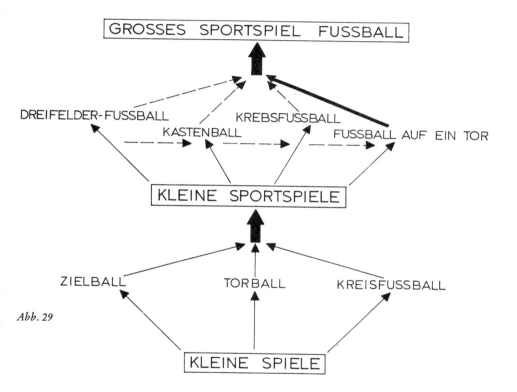

Abb. 29

I. *Spielbeschreibung*

Wir teilen 28 Schüler einer Klasse — um ein Beispiel zu setzen — in vier Gruppen zu 7 Schülern auf. Die Gruppe I und II bildet ein Spielteam, das gegen das Spielteam der Gruppen III und IV spielt. Alle Angehörigen der Gruppe I und der Gruppe III fungieren in ihrem Team als Torwächter, die

Angehörigen der Gruppe II und IV sind Feldspieler. Beide hinteren Grundlinien sind zugleich die Torlinien. Sechs Meter vor den Torlinien werden parallel dazu die Abschußlinien gezogen *(siehe Abb. 30)*. Im dazwischen liegenden Mittelfeld operieren die Feldspieler. Torschüsse können nur vor den Abschußlinien angesetzt werden. Erhält nun ein Spielteam ein Tor, müssen die Feldspieler dieser Mannschaft die Torwartfunktion übernehmen, während die bisherigen Torwächter in das Feld gehen. So vollzieht sich während des Spieles ein ständiger Wechsel in den Spielaufgaben — und: es ist eine komplette Klasse am Spiel beteiligt.

II. *Spielmittel — Spielfeld*

Gespielt wird in der Halle mit einem Faustball, im Freien mit einem Fußball. In der *Halle* werden die Markierungen für den Torraum und das eigentliche Spielfeld durch deren Größe gesetzt, so daß *Abb. 30* nur ein Beispiel sein kann.

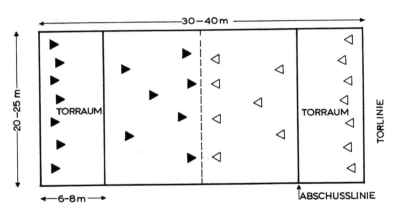

Abb. 30 Dreifelderfußball

Im *Freien:* Torraum 6—8 m, Spielfeldgröße 30—40 m, Spielfeldbreite 20—25 m.

Im Freien können Hochsprungständer mit 2 m hoher Schnur das „Tor" sein.

III. *Spielregeln*

a) Das Spiel beginnt mit einem Anstoß in der Mitte des Spielfeldes. Die anstoßende Mannschaft wird durch das Los bestimmt.

b) Tore sind nur gültig, wenn der Schuß vor der Abschußlinie erfolgte. In der Halle gelten nur Tore, wo der Ball noch bequem reichhoch flog.

c) Nach jedem Treffer ist in der Mannschaft, die das Tor erhalten hat, ein Wechsel zwischen Feld- und Torspielern.

d) Nach jedem Tor wird das Spiel wieder mit einem Anstoß eröffnet.

e) Gehen Bälle in das Aus, werden sie mit beiden Händen (über den Kopf) wieder eingeworfen. Die Seitenlinien dürfen dabei nicht betreten werden.

f) Rollen Bälle in den Torraum, erfolgt Abstoß oder Abwurf durch einen Torhüter.

g) Jedes Foulspiel (Rempeln, Treten, Schieben, Halten) im Feld ist untersagt. Es wird sonst durch einen Freistoß (in der Nähe der Abschußlinie durch einen 7-m-Strafstoß) geahndet. Der Schiedsrichter kann den Spieler auch noch für bestimmte Zeit ausschließen.

h) Spielzeit 2×10 bis 2×15 Minuten.

IV. Spieltechnik — Spieltaktik

Die Mannschaften im Feld sind so zu staffeln, daß mit zwei Verteidigern, einem Verbinder und vier Stürmern gespielt wird. Die Spieler sollen nicht an ihren Platz „gekettet" sein, aber auch nicht planlos durch das Feld laufen. Die Torhüter haben unter sich auszumachen, ob sie den Zwischenraum rechts oder links bewachen.

V. Spielvariationen

1. Wir spielen mit zahlenmäßig kleineren Mannschaften in Turnierform (Halle!).

2. Der Wechsel in den Spielaufgaben erfolgt nach Zeit.

KASTENBALL

Vorbemerkungen

Fußball auf ein seitgestelltes offenes Kastenteil ist ein Kleines Sportspiel, das wir bereits mit den 11/12 jährigen Jungen erproben können, das selbst in der Oberstufe noch mit Begeisterung gespielt wird. Es ist ein ausgesprochenes Hallenspiel, das zum genauen und dosierten Abspiel geradezu zwingt. Wir sollten es mit möglichst kleinen Mannschaften spielen, dafür die Turnierform bevorzugen.

I. Spielbeschreibung

Zwei zahlenmäßig gleichstarke Mannschaften spielen gegeneinander (4—6 Spieler je Mannschaft). Begonnen wird mit einem Anstoß im Mittelfeld. Tore sind erzielt, wenn der Ball durch das Kastenteil geschossen werden konnte. Es wird ohne Torwart gespielt.

II. Spielmittel — Spielfeld

Wir spielen mit einem Faustball oder leichten Fußball. Etwa 5—6 m von den Wänden der Turnhalle entfernt sind je ein Kasten aufgestellt. Um die Kästen werden Kreise gezogen (4—5 m Durchmesser) *(Abb. 31)*.

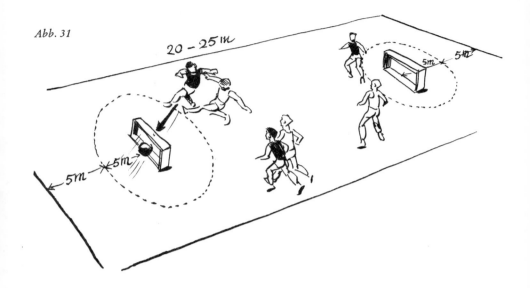

Abb. 31

III. *Spielregeln*

1. Der Ball darf nur mit der Innenseite des Fußes gespielt werden. Verstöße werden mit Freistößen geahndet.

2. Torschüsse sind gültig, wenn sie vor dem Torkreis angesetzt werden, direkt oder als Rollball durch das „Tor" gehen.

3. Gespielt wird ohne Feldmarkierungen. Von der Wand zurückprallende Bälle sind immer im Spiel.

4. Grobe Fouls (Rempeln, Stoßen, Halten) ziehen Freistöße oder einen 5-m-Strafstoß nach sich, desgleichen das Handspiel.

5. Der Ball darf durch den Torraum rollen; Tore können auch von hinten erzielt werden.

6. Bleibt der Ball im Torraum liegen, eröffnet der Spielleiter mit einem Hochwurf das Spiel im Mittelfeld neu.

7. Gespielt wird 2×5 Minuten, dann kommen die nächsten Mannschaften auf das Feld.

IV. *Spieltechnik — Spieltaktik*

Je besser es die Spieler verstehen, sich geschickt freizulaufen und den ganzen Raum zu nutzen, desto schöner „läuft" das Spiel.

Auf diesen Umstand sind besonders die Schüler der Mittelstufe immer wieder hinzuweisen, die allgemeinhin in der größeren Zahl immer dort sind, wo der Ball ist. Das Passen des Balles mit der Fußinnenseite sollte gegebenenfalls in der Gasse, im Kreis oder in Partnerschaften vorgeübt werden.

V. Spielvariationen

1. Um den Kasten wird der Kreis kleiner gezogen (Durchmesser ca. 2,50 m), und wir spielen mit Torwart. Der Torwart darf sich jedoch nur außerhalb des Torkreises aufhalten und muß die Bälle ausschließlich mit dem Fuß abwehren. Verstöße werden mit einem 7-Meter-Strafstoß *ohne* Torwart bestraft.

2. Wir spielen mit Seitenfeldmarkierungen. Das zwingt noch mehr zum genauen Zuspiel. Der Ball kann nun auch mit dem Fußspann- oder Außenrist gespielt werden.

FUSSBALL-TENNIS

Vorbemerkungen

Fußball-Tennis ist ein Hallenspiel, das bereits gutes Spielkönnen voraussetzt. Im wettkampfmäßigen Spiel werden die Spielfertigkeiten — vor allem feinmotorisch — weiter ausgeprägt. Fußball-Tennis wird daher erst in der Oberstufe locken und Freude am Spiel bringen.

5–6 m

10–15 m

Abb. 32

I. Spielbeschreibung

Durch die Länge der Halle stellen wir die Schwebebänke auf, und mit Seiten-

und Grundlinien begrenzen wir die verschiedenen Spielfelder. Gleichstarke Mannschaften (2 gegen 2, 3 gegen 3, 4 gegen 4) spielen den Ball mit dem Fuß über die Schwebebänke hin und her, je nach Situation direkt oder nach Zuspiel. Das Spiel beginnt mit einem Anstoß aus der Anstoßecke hinter der Grundlinie. Jeder Spieler einer Partei bemüht sich, den Ball so geschickt zu schießen, daß der Gegner außerstande gesetzt wird, ihn über die Bank zurückzuspielen *(Abb. 32)*.

II. *Spielmittel — Spielfeld*

Fußball, Faustball, Volleyball — Größe des Spielfeldes 5 × 10 m, getrennt durch eine Schwebebank.

III. *Spielregeln*

a) Der Anstoß muß so ausgeführt werden, daß der Ball im eigenen Feld einmal den Boden berührt (Aufsetzer).

b) Anstöße sind auch dann noch gültig, wenn der Ball die obere Fläche der Schwebebank streift.

c) Ungültig sind Anstöße, die in direktem Flug das Feld des Gegners erreichen, über die Seiten- oder Grundlinie hinwegfliegen oder von der Bank zurückprallen.

d) Bei ungültigen Anstößen erhält der Gegner den Ball.

e) Bei jedem Anstoßwechsel tauschen die Spieler ihren Platz im Uhrzeigersinn.

f) Der Ball kann mit dem Fuß, mit dem Kopf oder mit der Brust direkt angenommen und gespielt werden. Er darf jedoch während des Ballführens nur einmal den Boden berühren und nur dreimal im eigenen Feld selbst oder im Zuspiel gespielt werden.

g) Wenn der Ball während des Ballführens den Boden nicht berührt (z. B. bei laufendem Köpfen, Jonglieren auf dem Fuß oder Knie), kann er beliebig lange gespielt werden.

h) Bei Verstößen gegen die Regel f) und g) bekommt der Gegner den Ball zum Anstoß.

i) Ein Punktgewinn wird erzielt, wenn der Gegner den Ball nicht zurückzuspielen vermag.

j) Gespielt wird nach Zeit (2 × 10 Minuten) oder bis zu 21 Punkten.

IV. *Spieltechnik — Spieltaktik*

Wichtig ist vor allem, den Ball sicher anzunehmen, um ihn entweder sich selbst oder dem Spielpartner gut zu „stellen". Daher muß der Ball mit Beginn des Fluges genau beobachtet werden. Wird im Doppel gespielt, kann die

Raumdeckung etwa wie beim Tennis vollzogen werden. In Dreier- oder Vierermannschaft halten sich stets zwei Spieler an der Grundlinie auf. In der Vorwärtsbewegung ist der Ball besser unter Kontrolle zu bekommen.

V. Spielvariationen

1. Jeder Spieler darf den Ball nur einmal spielen.
2. Wir spielen Fußball-Tennis über die 1,00—2,00 m hohe Zauberschnur oder über das Volleyball-Netz. (In dieser Variante wird der Anstoß als Bogenschuß ausgeführt.)

SITZFUSSBALL

Vorbemerkungen

Die Vorwärtsbewegung in Art eines Krebses — Ausgangsstellung ist der Strecksitz mit Stütz der Arme rücklings — ist körperlich sehr belastend, so daß wir das Spiel erst für die 13/14jährigen empfehlen können. Das Spiel entwickelt die Kraft der Bauch- und Stützmuskulatur, die Geschicklichkeit und Gewandtheit.

Abb. 33

I. Spielbeschreibung

In einem nicht zu großen Feld (siehe Abb. 33) sitzen sich zwei Mannschaften (je 6—8 Spieler) an den Grundlinien gegenüber. In der Mitte des Feldes liegt der Fußball. Auf Pfiff des Spielleiters nehmen einige Spieler im „Krebslauf" den Kampf um den Ball auf, um ihn mit einem Schuß über die Torlinie des Gegners zu befördern.

II. *Spielmittel — Spielfeld*

Wir spielen mit einem leichten Fußball oder Faustball. Je nach Stärke der Mannschaften sollte das Spielfeld nicht größer als 8/10 m × 12/15 m sein. An den Seiten begrenzen wir das Feld mit Schwebebänken und Kastenteilen. Zwei Meter vor den Grundlinien (Torlinien) wird eine Torraumlinie gezeichnet *(Abb. 33)*.

III. *Spielregeln*

a) Beim Kampf um den Ball und beim Schuß darf das Gesäß nicht den Boden berühren.

b) Wird nicht in das Spielgeschehen eingegriffen, kann kurzzeitig der Sitz eingenommen werden.

c) Im Torraum (als Wächter an der Torlinie) dürfen sich nie mehr als drei Spieler aufhalten.

d) Schüsse auf das Tor können nur mit den Beinen oder mit dem Kopf abgewehrt werden.

e) Bälle über Kopfhöhe sind ungültig.

f) Fouls beim Kampf um den Ball werden mit Freistößen bestraft.

g) Spielzeit 2 × 5 Minuten, dann folgen die nächsten Mannschaften.

IV. *Spieltechnik — Spieltaktik*

An den Ball muß nach Möglichkeit so „herangekrebst" werden, daß das Schußbein seitlich eine Ausholbewegung ausführen kann. Auch bei diesem Spiel kommt es darauf an, daß sich „freigelaufen" wird, um beim Schuß wenig gestört zu werden und damit auch ein Zuspiel ermöglicht wird.

V. *Spielvariationen*

1. Die Mannschaften bestehen immer aus 6 Spielern. Drei sind Torwächter und wechseln mit den Feldspielern nach Zeit (2, 3, 4 Minuten). Der Wechsel wird vom Spielleiter angesagt.

2. Mit Hilfe einer Zauberschnur und mit Sprungständern bilden wir Tore (Höhe der Schnur 1,00—1,25 m). Die Torbreite beträgt 4,00 m. Zwei Torleute bewachen das Tor und werden nach 2 Minuten in laufendem Wechsel mit Feldspielern ausgetauscht.

FUSSBALL AUF EIN TOR

Vorbemerkungen

Mit diesem Spiel nähern wir uns am stärksten Spielelementen und taktischen Zügen, die schließlich das Große Sportspiel Fußball charakterisieren. Grundfertigkeiten des Fußballspieles sollten zumindest grob beherrscht sein, wenn wir dieses Spiel mit den 12/13jährigen (bei entsprechender Vorbereitung schon mit den 11/12jährigen) in unsere Spielerziehung einbauen. Das Spiel kann auch noch in der Halle (Kleinfeldhandballtore) gepflegt werden. Wir spielen in Turnierform mit kleinen Mannschaften.

I. Spielbeschreibung

Wir bilden Mannschaften zu je 5 Spielern. Durch Los wird zunächst diejenige Mannschaft bestimmt, die das Tor verteidigt. Nach der Halbzeit wechseln die Spielaufgaben. Wer in der Zeit, in der er Angreifer war, durch geschickte Spielkombination und gute Schüsse die meisten Tore erzielt, spielt gegen den Sieger aus dem nächsten Spiel.

II. Spielmittel — Spielfeld

Gespielt wird mit einem Fußball (in der Halle mit dem Faustball). Tor mit Strafraum und Torraum, Torlinien und Seitenlinien bilden das Spielfeld. Parallel zur Torlinie ziehen wir eine 20 m-Linie (Abb. 34).

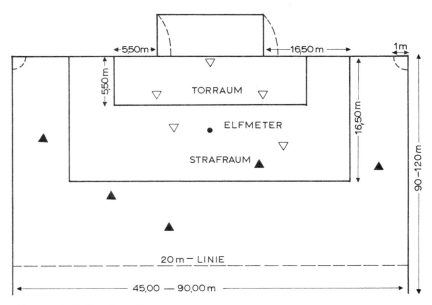

Abb. 34 Fußball auf ein Tor

III. Spielregeln

1. Das Spiel beginnt mit dem Anstoß an der 20 m-Linie.
2. Nach jedem Tor wird wieder mit Anstoß begonnen.

3. Der Abschlag des Torwartes darf nur etwa die 20-m-Linie erreichen.
4. Handspiel im Strafraum hat einen Elfmeter zur Folge.
5. Grobe Fouls (Rempeln, bewußtes Behindern, Halten) außerhalb des Strafraumes werden mit einem Freistoß, im Strafraum mit einem Elfmeter geahndet.
6. Rollt der Ball über die Seitenlinien, wird nach Einwurf (beide Hände werfen den Ball über den Kopf, Füße außerhalb der Seitenlinie) weitergespielt, überrollt er die Torlinie, schlägt der Torwart ab.
7. Hat ein Verteidiger (oder der Torwart) den Ball berührt, bevor er die seitlichen Torlinien überrollte, entscheidet der Spielleiter auf Eckball.
8. Sind Angreifer im Torraum, ohne daß ein Verteidiger in diesem Raum ist, wird auf abseits erkannt, und der Torwart schlägt den Ball ab.
9. Gültig ist ein Tor, wenn der Ball voll die Torlinie überrollte oder überflog.
10. Der Torwart darf während des Spieles ausgetauscht werden.
11. Sind die Verteidiger in den Besitz des Balles gelangt, können sie ihn bis in die Nähe der 20-Meter-Linie schlagen; sie dürfen jedoch auch noch untereinander zupassen, damit die Angreifer sich den Ball erst zurückerobern müssen. Bewußt weite Abschläge können einen Elfmeter nach sich ziehen.
12. Spielzeit 2×5 Minuten (Turnierform), sonst 2×10 bis 2×15 Minuten.

IV. *Spieltechnik — Spieltaktik*

Der Ball kann je nach Absicht mit dem Innen- oder Außenspann, mit dem Vollspann oder mit der Innenseite gespielt werden. Beim Zuspiel pflegen wir den Innenseitstoß, beim Torschuß den Vollspannstoß. Da die Angreifer immer einen Feldspieler mehr besitzen, sollte weitgehend das Freispielen eines Spielers geübt werden.

V. *Spielvariationen*

1. Der Wechsel erfolgt, wenn die angreifende Mannschaft sich drei Fehlschüsse auf das Tor geleistet hatte.
2. Nach drei erreichten Toren ist Wechsel. Gesiegt hat diejenige Mannschaft, welche die geringste Zeit für diese drei Tore benötigte.

5. Von Schlagspielen zum Hockeyspiel

TORROLLBALL

Vorbemerkungen

Mit dem *Torrollball* besitzen wir ein einfaches Kleines Sportspiel, das, an den Kleinen Spielen und Staffeln anknüpfend (Rollballstaffeln usw.), erworbene Ballfertigkeiten wettspielmäßig unter einem spezifischen Grundthema erproben läßt, wenn durch eine *Schlagbewegung* der Ball gerollt wird. Da zunächst der Ball noch mit den Händen auf dem Boden gerollt oder geschlagen werden soll (später mit der Keule), kann dieses Spiel schon in der 4. Klasse (10/11jährigen) in die Spielschulung aufgenommen werden. Das Spiel entwickelt vor allem auch die Kondition[3]).

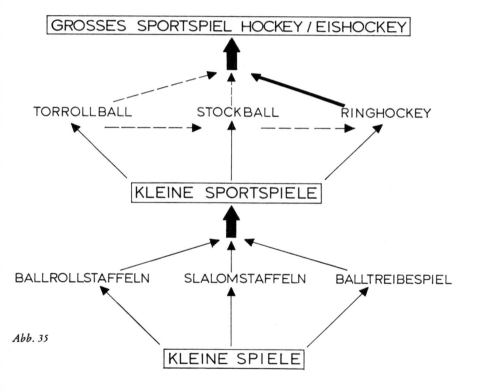

Abb. 35

---

[3]) Verändern wir die Spielregeln so, daß der Ball im Lauf getragen, beim Zuspiel oder „Torschuß" nur gerollt werden darf, tendiert die Spielverwandtschaft dann zum Rugby-Spiel. Wir haben daher das Spiel auch im schematischen Überblick S. 77 aufgenommen.

I. Spielbeschreibung

Zwei Mannschaften (5—7 gegen 5—7 Spieler) stehen sich in einem abgegrenzten Spielfeld gegenüber. Einen Gymnastikball oder einen kleinen Medizinball (1—1,5 kg) schlagen sie in gutem Zuspiel sich so zu, bis es einem Spieler gelingt, den Ball über die gegnerische Grundlinie zu rollen. Da das Spiel sehr anstrengend ist, spielen wir mit kleinen Mannschaften in Turnierform.

II. Spielmittel — Spielfeld

Wir spielen bei den 10/11jährigen mit einem Gymnastikball, bei den älteren Schülern mit einem Medizinball, der je nach Altersstufe 1—3 kg Gewicht haben kann. In der Halle nutzen wir den Hallenspiegel als Spielfläche. Im Freien kann das Spielfeld 10—15 m mal 25—30 m groß sein. Die jeweils hintere Grundlinie ist zugleich die Torlinie. Der Torraum wird durch eine parallel dazu verlaufende Linie (Abstand 1,50 m) abgegrenzt *(Abb. 36)*.

Abb. 36

III. Spielregeln

a) Das Spiel beginnt mit einem Anrollen auf der Mittellinie. Die anrollende Mannschaft wird durch das Los bestimmt.

b) Der Ball kann mit einer Hand oder mit beiden Händen gerollt werden. Beim Bewegungsansatz zum Rollen darf er nicht angehoben werden.

c) Vor Spielbeginn ist festzulegen, wieviel Spieler im Höchstfall die Torraumlinie bewachen.

d) Die Torraumspieler können „fliegend" mit Feldspielern wechseln.

e) Halten sich mehr Spieler als vereinbart im Torraum auf, gilt das als Regelverstoß und zieht einen 5-m-Strafroller nach sich.

f) Rempeln, Stoßen oder Treten sind nicht erlaubt, wohl aber kann der Ball mit einer Hand dem Gegner abgenommen werden.

g) Rollen Bälle in das Aus, wird mit einem Einrollen das Spiel weitergeführt.

h) Nach jedem Tor erfolgt ein neues Anrollen auf der Mittellinie. Der Torraum darf vom Gegner nicht betreten werden.

i) Spielzeit 2 × 5 Minuten, dann folgt die nächste Mannschaft.

IV. Spieltechnik — Spieltaktik

Wenn der Ball gerollt wird, müssen sich die Spieler bemühen, ihn an der Seite zu führen. Sie decken ihn dadurch nicht nur mit ihrem Körper, sondern können auch die Ausholbewegung — beim Zuspiel oder beim Rollen des Balles auf das Tor — optimal ausführen. Das Laufen in den freien Raum — ohne Ball — ist besonders dann möglich, wenn die Spielmannschaften zahlenmäßig nicht zu groß sind.

V. Spielvariationen

1. Wir markieren ein Tor und spielen nun mit einem Torwart.

2. Wir bilden Mannschaften mit jeweils zwei Feldspieler-Gruppen, die nach bestimmter Spielzeit (2—4 Minuten) laufend ausgewechselt werden.

3. Der Ball wird mit der Keule gerollt bzw. geschlagen.

STOCKBALL

Vorbemerkungen

Das Spiel hat fast den gleichen Spielgedanken wie das Torrollballspiel. Nun wird jedoch der Ball bereits mit einem langen Gerät getrieben (Gymnastikstab). Mit dem Gymnastikball können wir die 11/12jährigen an das Spiel heranführen. In den höheren Altersstufen wird mit dem 150-g-Moosgummiball gespielt.

I. Spielbeschreibung

Zwei Mannschaften, die wir relativ klein halten wollen (je 5—6 Spieler), spielen gegeneinander, führen oder schlagen den Gymnastikball (Moosgummiball) mit dem Stab, um den Ball in das gegnerische Tor zu spielen. Das Spielfeld kann mit Linien markiert sein, aber auch mit umgelegten Schwebebänken und Kastenteilen begrenzt werden.

II. Spielmittel — Spielfeld

Wie schon vorauf vermerkt wurde, empfiehlt es sich, bei den 11/12—13jährigen mit Gymnastikstab und Gymnastikball (auch Faustball oder Handball), bei den älteren Schülern mit dem Moosgummiball zu spielen. Wird das Spielfeld markiert, kann es zwischen 10/15 m mal 20/30 m groß sein. Zwei offene seitgestellte Kastenteile bilden die Tore (*Abb. 37*). Ein Halbkreis (1 m von den Ecken des Kastenteiles, 1,50 m vor dem Kasten) kennzeichnet die Torraumlinie.

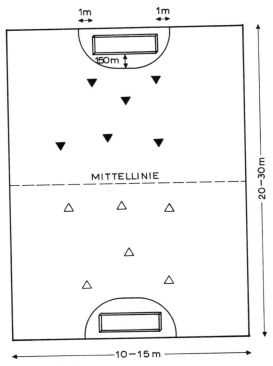

Abb. 37 Stockball

III. *Spielregeln*

a) Das Spiel beginnt mit einem Anschlagen des Balles zu einem Spielpartner auf der Mittellinie. Das Los entscheidet über die anspielende Partei.

b) Es wird ohne Torwächter gespielt.

c) Gültig sind nur Tore, die von außerhalb der Torraumlinie geschossen wurden.

d) Nach jedem Tor wird mit einem Anschlag auf der Mittellinie begonnen.

f) Ausbälle werden mit der Hand eingerollt.

g) Bälle, die über die Grundlinie gehen, sind von einem Spieler dieser Mannschaft von der Torraumlinie in das Feld zu schlagen.

h) Jedes Rempeln und Stoßen, Benutzen des Stockes, um den Gegner zu foulen, wird mit einem Strafschlag aus 5 m Entfernung bestraft.

i) Bei wiederholten Fouls eines Spielers, kann dieser bis 2 Minuten vom Spiel ausgeschlossen werden.

j) Spielzeit 2×5 bis 2×10 Minuten.

IV. *Spieltechnik — Spieltaktik*

Auch bei diesem Spiel gilt es, den Ball seitlich des Körpers zu führen und zu schlagen. Aus Gründen der Verletzungsgefahr ist es angezeigt, die Schüler sehr zielgerichtet auf diese Spieltechnik auszurichten. Weniger die Dribblings, sondern das Freilaufen ohne Ball tragen dazu bei, dem Spiel Fluß zu verleihen. Spielen wir mit 6 Spielern, dann sollten zwei in der Nähe des Torraumes, einer als Verbinder und drei als Stürmer operieren. Die Schüler dahin führen, daß sie ihre Funktionen erfüllen!

V. *Spielvariationen*

1. Wir spielen mit Sturmreihen, die während des Spieles „fliegend" ausgewechselt werden.

2. Der Torraum wird vergrößert, so daß mit Torwart und damit mit 7er-Mannschaften gespielt werden kann.

RINGHOCKEY

Vorbemerkungen

Dieses Kleine Sportspiel vermag wiederum schon den 11/12jährigen schrittweisen Zugang zu Spielelementen und Spielzügen des Hockey- und Eishockeyspieles zu erschließen.

In schärferer Einengung auf die Regeln der verwandten Großen Sportspiele und weiterem Einbezug taktischer Verhaltensweisen, kann es in den höheren Altersstufen noch direkter hinführen, und es ist zugleich geeignet, die Kondition spürbar zu entwickeln. Das Spiel ist ein ausgesprochenes Hallenspiel. Der Hallenboden muß glatt sein.

I. *Spielbeschreibung*

In einem Spielfeld, das nach Möglichkeit mit Schwebebänken und Kastenteilen an den Seiten begrenzt wird, spielen zwei gleichstarke Mannschaften (6/8—6/8) mit dem Gymnastikstab einen Tennisring in der Absicht, beim Gegner durch wohlgezielte Schüsse Tore zu erzielen.

II. *Spielmittel — Spielfeld*

Wir spielen mit einem *Tennisring,* wie er im Handel vertrieben wird. Dieser Tennisring wird mit einem Gymnastikstab geführt und geschlagen. Die Größe des Spielfeldes richtet sich nach der Halle. Können die Seitenlinien nicht mit Schwebebänken begrenzt werden, räumen wir alle Geräte weg, die ein Abprallen des Ringes von der Wand verhindern (Bande). Die Tore (2 m breit, 1 m hoch) bauen wir mit Hilfe von Sprungständern ca. 6 m vor den Grundlinien auf und umgeben sie mit einem Torkreis von 3 m im Durchmesser *(Abb. 38).*

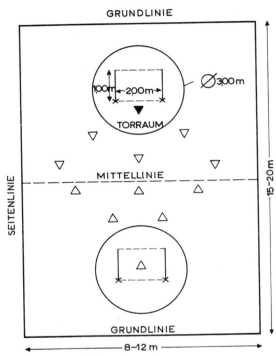

Abb. 38 Ringhockey

III. *Spielregeln*

a) Der Tennisring wird so geführt, daß der Gymnastikstab *im* Ring sich befindet *(Abb. 39).*

b) Die Spieleröffnung erfolgt durch ein Bully, d. h. von jeder Partei stellt sich ein Spieler so schrägseitlich des Tennisringes auf, daß die Schulterachse zum Tor verläuft. Nun tippen beide zeitgleich ihre Stäbe auf den Boden beiderseits des Ringes. Danach schlagen sie über dem Ring leicht zusammen. Nach dem dritten Berühren der Stäbe über dem Ring, kann dieser gespielt werden. Der reaktionsschnellste Spieler bekommt ihn.

c) Beim Kampf um den Ring dürfen immer nur zwei Spieler tätig sein. Kommt es zu einem „Ziehen" um den Ring, entscheidet der Schiedsrichter auf Bully.

d) Stoßen, Rempeln und Schlagen mit dem Stab sind nicht erlaubt. Der Stab soll seitlich in Höhe der Hüfte getragen werden.

e) Das Anheben des gegnerischen Stabes, damit das Führen des Ringes unterbrochen wird, ist dagegen gestattet.

Abb. 39

f) Wird der Torraum von einem Angreifer betreten, erfolgt Abschlag vom Tor.

g) Betritt ein Verteidiger den Torraum (oder er durchläuft ihn), ist auf Strafschlag vom 5-m-Punkt zu entscheiden.

h) Tore können sowohl von vorn als auch von hinten erzielt werden.

i) Das Stoppen des Ringes mit dem Fuß oder Körper ist erlaubt.

j) Der Torwart muß den Ring innerhalb von drei Sekunden in das Feld schlagen oder flach werfen. Er darf sich zur Abwehr zwar hinknien, doch nicht vor die Torlinie legen.

k) Spielzeit 2 × 5 bis 2 × 15 Minuten.

l) Alle Regelverstöße werden mit einem Strafschlag vom Ort der Tat, in der Nähe des Torraumes vom 5-m-Punkt auf das Tor, geahndet. Bei groben Fouls (oder bei Wiederholungen trotz Ermahnung), kann der Spielleiter auf vorübergehenden Spielausschluß erkennen (1—2 Minuten).

IV. *Spieltechnik — Spieltaktik*

Die Schüler sind vor dem wettkampfmäßigen Spiel gründlich mit der Technik des Ringführens vertraut zu machen. Der Ring wird beim Schuß mehr geschleudert (geschlenzt) als geschlagen. Wir sollten darauf hinweisen, daß das Zuspiel zum Partner vorrangig zu beachten ist. Dribblings führen fast immer zu Regelverstößen.

V. Spielvariationen

Durch Einengung bzw. Erweiterung der Spielregeln:

1. Der Schutz des Torwartes durch einen Torraum entfällt.
2. Es gelten nur noch Tore, die von vorn erzielt wurden.
3. Wir spielen mit mehreren Sturmreihen, die „fliegend" auswechseln.

Durch Benutzung anderer Spielmittel:

1. Wir spielen den Tennisring mit Staffelstäben oder Keulen (Griff bei den Keulen am Keulenfuß).
2. Wir benutzen den Tennisring aus Vollgummi.

6. Von Zielwurfspielen zum Basketballspiel

KREISKORBBALL

Vorbemerkungen

Kreiskorbball ist ein Spiel auf kleinem Raum, das mit vereinfachten Regeln bereits mit 10/11jährigen gespielt werden kann.

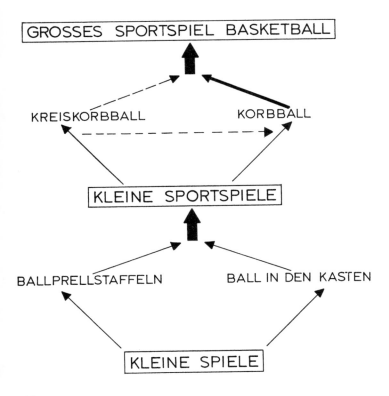

Abb. 40

I. *Spielbeschreibung*

Zwei zahlenmäßig gleichstarke Mannschaften (5/7 gegen 5/7) bemühen sich darum, in einer bestimmten Spielzeit die meisten „Körbe" zu erzielen. Wer den Ball besitzt, ist stets der Angreifer.

II. Spielmittel — Spielfeld

Je nach Altersstufe wird mit einem Volleyball, Faustball oder Fußball gespielt. Um den Korbballständer wird ein Kreis von 3—3,50 m Durchmesser gezogen. Ein weiterer Kreis (8—12 m Durchmesser) begrenzt das Spielfeld (*Abb. 41*).

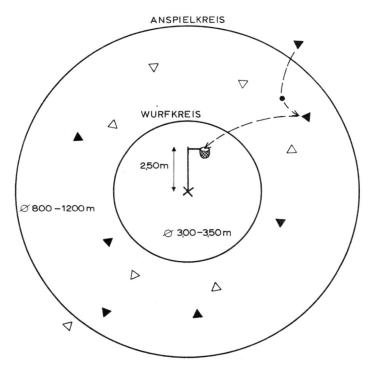

Abb. 41 Kreiskorbball

III. Spielregeln

a) Durch Los wird die zuerst angreifende Mannschaft bestimmt, die mit dem Anspiel außerhalb des großen Kreises (Anspielkreis) beginnen muß.

b) Mit dem Ball kann nur in der Dreischrittfolge gelaufen, und er darf nicht länger als drei Sekunden in den Händen gehalten werden.

c) Beim Kampf um den Ball darf der Gegner nicht gestoßen werden!

d) Wird von der verteidigenden Mannschaft der Ball abgefangen, erwirbt sie das Recht zum Angriff. Dieser Angriff wird außerhalb des Anspielkreises neu begonnen.

e) Ein gelungener Korbwurf ist nur gültig, wenn er außerhalb des Wurf-kreises, der von keiner Mannschaft betreten werden darf, angesetzt wurde.

f) Keine Behinderung beim Korbwurf!

g) Nach jedem Korb bleibt der Angreifer im Ballbesitz, muß jedoch den neuen Angriff wiederum außerhalb des Anspielkreises beginnen. ·

h) Vom Korbballständer zurückprallende oder -rollende Bälle sind im Spiel. Sie dürfen erst aufgenommen werden, wenn sie außerhalb des Wurfkreises sind. Der aufnehmende Spieler darf weder gerempelt noch gedrängt werden.

i) Regelverstöße sind mit Korb-Freiwürfen zu ahnden, wobei eine Behinderung oder Ablenkung des Werfers nicht gestattet ist.

j) Die Spielzeit beträgt 10 bis 15 Minuten.

IV. *Spieltechnik — Spieltaktik*

Das Spiel lebt vor allem vom geschickten Freilaufen und sicheren Zuspiel. Um das zu ermöglichen, dürfen die Spielmannschaften nicht zu stark sein. Die verteidigende Mannschaft muß einen besonders beweglichen Spieler stets in der Nähe des Anspielkreises haben, um bei einem abgefangenen Ball sofort angreifen zu können; denn der Angriff kann nach den Regeln nur außerhalb des Anspielkreises einsetzen.

V. *Spielvariationen*

1. Es wird mit Korbwächter gespielt.

2. Wir spielen mit Halbzeit (2 × 5 bis 2 × 10 Minuten). Während einer Spielhälfte ist dann eine Mannschaft ständig der Angreifer.

KORBBALL

Vorbemerkungen

Seit das Basketballspiel auch in der Oberstufe der Schule einen zentralen Platz in der Spielschulung erhalten hat, ist in gleichem Zuge das Korbballspiel in die Stellung geraten, die wir den Kleinen Sportspielen zuschreiben. Damit hat das Spiel in keinem Falle an Wert verloren, kann jedoch zusätzlich bei schrittweiser Anpassung der Spielregeln eine wertvolle hinführende Aufgabe zum Großen Sportspiel Basketball übernehmen. Wir führen daher das Spiel hier nur noch in den wesentlichsten Grundregeln auf, die dem Lehrer jedoch gestatten, Veränderungen in Hinblick auf das Basketballspiel vorzunehmen.

I. *Spielbeschreibung*

In einem abgegrenzten Spielfeld sind in der Nähe der Grundlinien je ein Korbballständer und Korb aufgestellt. Zwei gleichstarke Mannschaften (7/7)

spielen gegeneinander mit dem Ziel, beim Gegner mit Hilfe geschickten Zuspieles und abschließenden Korbwurfes *(Abb. 42)* möglichst viele Treffer zu
erzielen. Wem nach einer bestimmten Spielzeit die meisten „Körbe" gelangen,
ist Sieger.

Abb. 42

II. *Spielmittel — Spielfeld*

Gespielt wird mit einem leichten Hohlball (Faustball, Volleyball). Das Spielfeld kann zwischen 10—25 m × 20—60 m groß sein, je nachdem, ob in der
Halle oder im Freien gespielt wird. Die Körbe werden in einem Abstand von
4—6 m vor der Grundlinie aufgestellt, umgeben von einem Kreis mit einem
Durchmesser von 3—5 m *(Abb. 43)*.

III. *Spielregeln*

a) Von jeder Mannschaft spielen 6 Spieler im Feld, 1 Spieler übernimmt die
   Funktion des Korbwächters *innerhalb* des Korbraumes.

b) Das Spiel beginnt mit einem Sprungball in der Mitte des Spielfeldes.

c) Mit dem Ball dürfen nur drei Schritte gelaufen werden. Dann muß er
   innerhalb von drei Sekunden einem Partner zugespielt sein.

d) Im Stand ist auch nur ein einmaliges Aufprellen erlaubt.

e) Wird der Ball absichtlich mit dem Fuß oder Unterschenkel berührt oder
   gar gespielt, pfeift der Spielleiter einen Freiwurf.

f) Rempeln, Klammern und Stoßen sind mit 4-m-Korbwürfen zu belegen.
   Der Ball darf auch nicht dem Gegner aus der Hand geschlagen oder gerissen werden (Freiwurf).

g) Erlaubt ist das Sperren des Gegners ohne Benutzung der Arme.

h) Der Korbwächter wehrt Korbwürfe ab. Es ist ihm jedoch nicht gestattet, den Korbraum zu verlassen, Korb oder Korbständer zu berühren oder den Ball in den Korbraum hereinzuholen.

i) Gültig sind Korbwürfe, die außerhalb des Korbraumes angesetzt wurden.

j) Springt der Ball vom Korbständer oder vom Korbring zurück, dann ist er weiter im Spiel.

Abb. 43

k) Das Zurückspielen des Balles zum eigenen Korbwächter zieht einen 4-m-Wurf nach sich.

l) Nach einem gültigen Korb wird das Spiel in der Mitte mit einem Sprungball neu begonnen.

m) Überrollen Bälle die Seitenlinien, dann erfolgt Einwurf; überrollen sie die Grundlinien, wirft der Korbwächter ab.

n) Bei Freiwürfen muß der Gegner mindestens 3 m vom Ball sein. Freiwürfe können direkt als Korbwürfe ausgeführt werden. Beide Füße dürfen während des Bewegungsvollzuges nicht den Boden verlassen.

o) Die Spielzeit beträgt 2×10 bis 2×15 Minuten.

IV. Spieltechnik — Spieltaktik

Das Zuspielen des Balles sollte möglichst wenig als „Bogenwurf" ausgeführt werden (leichte Möglichkeit des Abfangens). Die Schüler werden frühzeitig an das geradlinige Zuspiel gewöhnt! Daß große und sprungkräftige Schüler besonders als Korbwächter geeignet sind, ist eine einsichtige Angelegenheit. Die guten Werfer müssen zugleich auch gute Läufer sein; denn das Freilaufen ohne Ball zählt beim Korbball zu den wichtigsten Spielmerkmalen.

V. Spielvariationen

1. Wir spielen Korbball ohne Korbwächter.
2. Wir verengen oder erweitern die Regeln (Dribbling m. d. Ball, Schrittfehler u. a.).

7. Von Rollballspielen zum Rugbyspiel

KAMPFBALL

Vorbemerkungen

Bei diesem Kleinen Sportspiel wird vor allem die Kondition entwickelt. Kampfgeist und spielerische Härte — ohne ein Foul am Gegner zu begehen — finden ein Bewährungsfeld. Das Spiel eignet sich für die Jungen der Oberstufe.

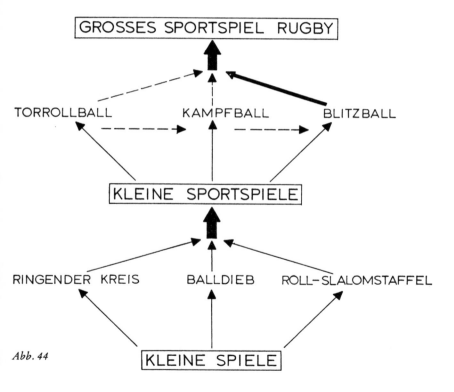

Abb. 44

I. *Spielbeschreibung*

Zwei gleichstarke Mannschaften (5/7 gegen 5/7) kämpfen um den Ballbesitz und sind bemüht, den Ball über die gegnerische Grundlinie zu befördern, um einen Punkt zu gewinnen.

II. Spielmittel — Spielfeld

Wir spielen mit einem leichten Medizinball (1—1,5 kg) aus Gummi. Spielfeldgröße — je nach Mannschaftsstärke — 15 × 30 bis 20 × 40 m. Das Spiel nach Möglichkeit auf einer weichen Rasenfläche pflegen (*Abb. 45)!*

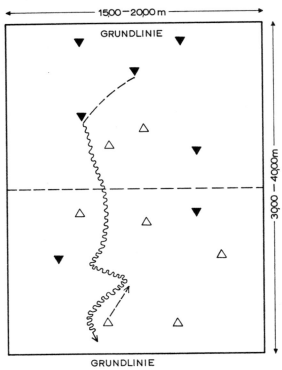

Abb. 45   Kampfball

III. Spielregeln

a) Das Spiel beginnt im Anspielpunkt mit einem Anwurf.

b) Der Ball kann gerollt, geworfen oder getragen werden.

c) Ein Punktgewinn ist jedoch nur erzielt, wenn der Ball über die Grundlinie gerollt oder getragen wurde.

d) Überschreitet der Ball die Seitenlinie, wird mit einem Einrollen das Spiel weitergeführt.

e) Nach jedem Punktgewinn beginnt das Spiel wieder mit einem Anwurf.
f) Der Gegner kann geblockt, gehalten und umklammert werden. Umklammerungen müssen gelöst werden, wenn der Gegner den Ball freigibt.
g) Ein getragener Ball darf aus der Hand geschlagen oder gerissen werden.
h) Wird ein Gegner grob von hinten gestoßen, ihm im Lauf das Bein gestellt usw., erkennt der Spielleiter auf Freiwurf und Verwarnung an. Im Wiederholungsfall erfolgt Ausschluß des Spielers auf Zeit (1 bis 3 Minuten).
i) Bedeckt ein Spieler den Ball mit dem Körper oder bei längerem „Gerangele", unterbricht der Spielleiter und eröffnet das Spiel neu mit einem Hochwurf.
j) Es dürfen stets nur zwei Spieler um den Ball kämpfen.
k) Spielzeit 2×5 bis 2×15 Minuten.

IV. *Spieltechnik — Spieltaktik*

Aus der Spielsituation muß der ballführende Spieler ableiten, ob er einen Durchbruch ansetzen kann, den Ball einem Mitspieler zurollt oder zuwirft. Zwei Spieler halten sich stets in der Nähe der eigenen Grundlinie auf, um plötzliche Durchbrüche zu verhindern.

V. *Spielvariationen*

Sie bieten sich hier gleichfalls in einer Annäherung an das Regelwerk des Rugbyspieles an:
1. Wir spielen auf Tore, die wir uns mit Sprungständern erstellen.
2. Der angreifende Gegner darf von mehreren Spielern angegriffen werden.
3. Ein Ausball wird in die Gasse eingerollt usw.

BLITZBALL

Vorbemerkungen

Dieses aus Finnland stammende Kleine Sportspiel hat H. RÜEGSEGGER näher beschrieben. Als ein in seinen Grundregeln sehr wohl eigenständiges Spiel kann es darüber hinaus eine gute Vorbereitung auf das Rugby-Spiel sein. Aufgrund des hohen körper- und bewegungsbildenden Wertes sollte es auch bei uns in der Spielschulung der Oberstufe einen angemessenen Platz erhalten. „Blitzschnelle" Sprints als besonderes Merkmal des Spieles führten zum Namen „Blitzball".

I. *Spielbeschreibung*

Zwei Mannschaften (3—9 gegen 3—9 Spieler) stehen sich auf einem gut markierten Spielfeld gegenüber in dem Bestreben, „unter Ausnutzung der Laufgeschwindigkeit und fintenreichem Hakenschlagen einen Rugbyball (es kann auch ein anderer Hohlball sein, d. Verf.) *tragend* im Zielgebiet des

Gegners niederzulegen. Der jeweilige Ballträger kann von der Gegenpartei durch *Brennschlag* auf den Rücken gezwungen werden, den Ball einem ihn unterstützenden Spieler *rückwärts* zuzuspielen, der nun seinerseits wieder versucht, zum Zielgebiet durchzubrechen. Diejenige Mannschaft, die durch gutes Zusammenspiel am Ende des Spieles am meisten Gewinnpunkte aufweist, hat gewonnen" (RÜEGSEGGER). In der Halle spielen wir mit zahlenmäßig kleinen Mannschaften (3/4—3/4) in Turnierform. Das recht belastende Spiel erlaubt so eine ausreichende Erholung für die einzelnen Mannschaften zwischen den Spielen.

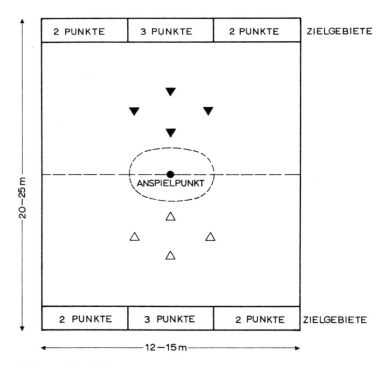

Abb. 46   Blitzball

II. *Spielmittel — Spielfeld*

Es kann mit jedem Hohlball gespielt werden. Am besten eignet sich (da in den Schulen kaum Rugbybälle sein werden) ein nicht zu stark aufgepumpter Fußball.

Die Größe des Spielfeldes richtet sich nach der Stärke der Mannschaften. Sie reicht von der Länge und Breite eines Fußballfeldes bis zu den Ausmaßen einer Normal-Turnhalle. Unsere *Abb. 46* bezieht sich auf den letzteren Fall.

III. Spielregeln

Aus dem recht genau festgelegten Regelwerk führen wir nur diejenigen Regeln an, die für den Schulgebrauch verbindlich sein sollten und erweitern sie zugleich unter dieser Sicht.

a) Das Spiel beginnt mit einem durch die gegrätschten Beine nach rückwärts ausgeführten Anwurf. Der anwerfende Spieler befindet sich am sogenannten Anspielpunkt im Mittelfeld.

b) Der Ball kann von jedem Spieler *vorwärts* getragen werden.

c) Ein Abspielen des Balles ist nur nach *rückwärts* erlaubt.

d) Spielfehler nach Regel c) werden mit einem Freiwurf geahndet.

e) Der Lauf eines Spielers kann mit einem Brennschlag unterbrochen werden. Innerhalb von drei Sekunden muß der Ball nach rückwärts abgespielt sein.

f) Auflaufenlassen des Gegners, Halten und Stoßen usw. werden mit Freiwürfen bestraft.

g) „Ein Punktgewinn ist erzielt, wenn ein unberührter (ungebrannter) Spieler den Ball mit einer Hand oder mit beiden Händen hinter die Ziellinie in eines der drei Zielgebiete niederlegen kann, wobei das mittlere Zielgebiet 3 Punkte, die beiden äußeren je 2 Punkte einbringen."

h) Nach jedem Punktgewinn erfolgt erneuter Anwurf am Anspielpunkt.

i) Spielzeit 2×5 bis 2×10 Minuten.

IV. Spieltechnik — Spieltaktik

Der Ball wird mit beiden Händen vor dem Oberkörper getragen. Nicht unter einen Arm klemmen! Spieltaktisch gilt es zunächst umzudenken. Das Freilaufen nach vorn in den Raum des Gegners, wie wir es bei allen anderen Spielen kennen, gilt hier als Regelverstoß. Der ballbesitzende Spieler muß möglichst schnell angegriffen werden, damit wenig Raum gewonnen wird. Spieltaktischer Grundsatz: Wenn angegriffen wird, greifen alle Spieler an; wenn verteidigt werden muß, verteidigen alle! In der dabei durchaus notwendigen Staffelung der Spieler, sollte der sprintstärkste stets eine etwas rückwärtige Position beziehen, um einen durchbrechenden Gegner noch mit Brennschlag abzufangen.

V. Spielvariationen

1. Wir spielen nur mit *einem* Zielraum.
2. Wir spielen mit laufendem Spielerwechsel innerhalb der Mannschaften.

8. Von Treffspielen im Wasser zum Wasserball

Vorbemerkungen

Beim *Bekanntmachen* der Schüler mit dem Element Wasser nutzt der pädagogisch geschickte Lehrer nicht nur die in allen Schwimmlehrbüchern empfohlenen *Wassergewöhnungsübungen*, sondern er bedient sich auch *Kleiner Spiele* (Abtreffball, Fangball, Tigerball u. a.). Nicht selten verliert vor allem der Schwimmanfänger die hier und da vorhandene Scheu vor dem nassen Element viel schneller, als bei den formalen Gewöhnungsübungen. Diese Spiele werden in der Regel im *flachen* Teil des Schwimmbeckens ausgeführt *(Abb. 47)*.

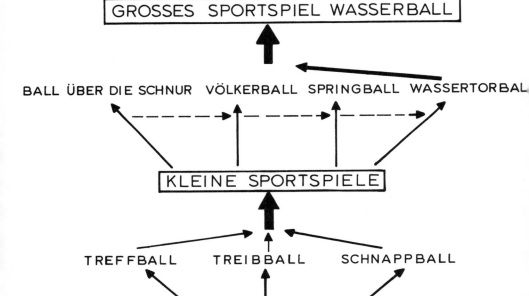

Letzteres betrifft auch *Kleine Sportspiele* — wie „Ball über die Schnur" und „Völkerball". Während „Ball über die Schnur" den gleichen Grundregeln folgt, wie sie auf S. 44 dieser Lehrhilfe beschrieben sind, tritt logischerweise beim „Völkerball" (siehe S. 33) an die Stelle des Ausweichens vor einem geworfenen Ball (den man nicht abfangen will), das *Abtauchen* in das Wasser. Aufgrund der unterschiedlichen Beckengrößen können keine spezifischen Spielfeldgrößen empfohlen werden. Die ergeben sich in den meisten Fällen durch die Konstruktion des Schwimmbeckens von selbst. Sonst werden zu

Begrenzungen *Zauberschnüre* benutzt (besonders bei „Ball über die Schnur"), die — falls keine Befestigungsmöglichkeit besteht — im Wechsel von mehreren Schülern (die pausieren) — gehalten werden.

Spielgerät: Gymnastikball oder synthetischer Volleyball; Plastikball. Im *tiefen Wasser* haben sich zwei *Kleine Sportspiele* bewährt, in denen nicht nur das Führen des Balles (vor dem Kopf und zwischen den kraulenden Armen) und die Arten der Würfe beim Wasserball (Druckwurf, Schlagwurf, Schockwurf, Rückhandwurf) erprobt werden können, sondern auch schon die Spielidee des *Großen Sportspiels* Wasserball aufscheint.

SPRINGBALL

I. Spielbeschreibung

Im tiefen Teil des Beckens „stehen" sich zwei gleichstarke Mannschaften gegenüber, in der Mitte getrennt durch eine Zauberschnur. An den hinteren Beckenrändern werden je eine Zauberschnur durch Schüler gehalten, ca. 20 bis 40 cm *über* dem Beckenrand. (Es wird hier von der Beckenbreite eines Normal-Schwimmbeckens ausgegangen.) Der Ball kann innerhalb einer Mannschaft dreimal zugespielt werden, bis er zu einem in guter Position schwimmenden Partner in der Nähe der Mittel-Linie gelangt. Dieser soll nun den Ball so kräftig durch die Reihen der Gegenmannschaft werfen, daß er vom Wasser *abspringt* und *über* die Zauberschnur fliegt. *(Abb. 48).*

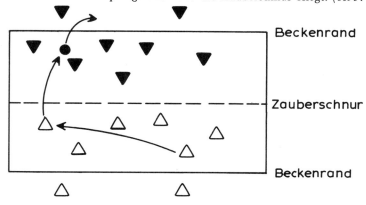

II. Spielmittel

Gymnastikball, synthetischer Volleyball, Plastikball, Wasserball.

III. Spielregeln — Spieltaktik

1. Dreimaliges Zuspiel des Balles, dann muß er geworfen werden (innerhalb von 3 Sek.).

2. Es darf nur der Schlagwurf angewandt werden.
3. Die abwehrende Mannschaft muß sich so gut verteilen, daß sie gegebenenfalls einen Ball bereits vor dem Abspringen vom Wasser abfängt.
4. Die Mannschaftsstärke kann — je nach Beckengröße — 6 gegen 6 bis 8 gegen 8 betragen.
5. Spielzeit in der Regel 2 × 5 Minuten. Gewertet werden alle Bälle, die über die Zauberschnur geflogen sind.

IV. Spielvariation

Das Spiel kann auch ohne Mittel-Linie gespielt werden.

WASSERTORBALL

I. Spielbeschreibung

Im tiefen Teil des Wassers werden an den Seitenteilen des Beckens mit Hilfe von zwei Zauberschnüren „Tore" gebildet (Höhe ca. 50—70 cm über dem Wasser). Zwei Mannschaften mit je 10 Spielern (wovon 5 im Tor stehen und 5 im Feld spielen) „stehen" sich gegenüber, und die Spieler bemühen sich, durch geschicktes Freischwimmen und Zuspielen des Balles bei der gegnerischen Mannschaft ein Tor zu erzielen. Wenn ein Tor erzielt ist, wechseln bei dieser Mannschaft die Torleute mit den Feldspielern usw. *(Abb. 49)*.

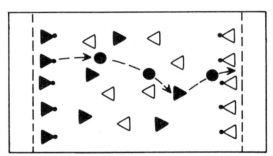

Zauberschnur   Zauberschnur

II. Spielmittel

Gymnastikball, Plastikball, Wasserball.

III. Spielregeln — Spieltaktik

Spieltaktisch kommt es darauf an, sich in eine gute Wurfposition zu schwimmen, um dann mit Druckwurf, Schlagwurf oder Schockwurf ein Tor zu erzielen.

Grundregeln:

1. Der Ball darf kraulend nur zwischen den Armen (vor der Stirn) geführt werden.
2. Der Gegenspieler darf nicht gehalten oder unter das Wasser gedrückt werden.
3. Kein „Beinklammern" unter Wasser!
4. Spielzeit 2 $\times$ 3 bis 2$\times$ 5 Minuten.

IV. Spielvariation

Wassertorball kann auch auf *ein* Tor gespielt werden. Hierzu ist es zweckmäßig, wenn ein Original-Wassertor aufgehängt wird. (Behelfsmäßig kann man jedoch auch hier mit einer Zauberschnur die Tormarkierung begrenzen.) Bei dieser Spielvariation steht jedoch nur ein Schwimmer im Tor, während alle anderen Schwimmer dieser Mannschaft das Tor verteidigen. Der Angreifer ist also immer mit einem Spieler in der Überzahl. Spielzeit: 2 $\times$ 3 bis 5 Minuten.

Welche Mannschaft hat in ihrer Spielzeit die meisten Tore geworfen?

C. Literatur

BROCK, W.: Spielend trainieren. Berlin-Ost 1964.

BRAUNGARDT, A.: Turnierspiele. Frankfurt 1960[13].

DIETRICH, K.: Fußball — spielgemäß lernen — spielgemäß üben. Schorndorf 1977[5].

DÜRRWÄCHTER, G.: Volleyball — spielend lernen — spielend üben. Schorndorf 1976[7].

DÖBLER, H.: Kleine Spiele. Berlin-Ost 1963.

GEISSLER, A.: Freudvolle Spiele für das 1. bis 10. Schuljahr. Frankfurt 1966[5].

GRÖGER, A.: Turn- und Neckspiele. Rottenburg 1951[11].

HEUSER / CRAMER / KLEIN / MARX: Die großen Spiele. Wuppertal ·1959[2].

HOCH, Th.: Volleyball. Frankfurt 1963[2].

KERKMANN, Kl. / KOCH, K.: Kleine Parteiballspiele. Schorndorf 1979[2].

KIND, M.: Das Wurfballspiel in Flensburg — ein Kampfspiel für Mädchen. In: Die Leibeserziehung 7/1960.

RÜEGSEGGER, H.: Blitzball. In: Leibesübungen — Leibeserziehung 4/1966.

STÖCKER, G.: Schulspiel Basketball — Vom Spielen zum Spiel. Schorndorf 1978[6].

UHLMANN, E.: Jugendgemäße Spiele für die Mädchen. In: Die Leibeserziehung 9/1968.

WIEMANN, K.: Spielt mit. Frankfurt 1964[3].

WAGNER, K.: Fußschlagball. In: Die Leibeserziehung 1/1961.

Schriftenreihe zur Praxis der Leibeserziehung und des Sports